LA VIE DE
S^{TE.} ISABELLE
SOEVR DV ROY
SAINT LOVIS,

Et Fondatrice du Monastere Royal de Long-champ.

Qui a donné vn parfait exemple de la vie neutre des personnes non Mariées ny Religieuses.

Par le R. Pere NICOLAS CAVSSIN de la Compagnie de IESVS.

A PARIS,
Chez CLAVDE SONNIVS, & DENIS BECHET, ruë S. Iacques au Compas d'Or, & à l'Escu au Soleil. &
IEAN DV BRAY, aussi ruë S. Iacques aux Espis meurs.

M. DC. XXXXIIII.

A LA REINE REGENTE.

ADAME,

Vos Religieuses de Long-champ s'estimeroient iniustes si elles retenoient vn bien que Dieu a si particulierement approprié à vostre Majesté.

C'est la vie de Sainte Isabelle, c'est vostre sang, vostre Parente, c'est la Sœur du Roy S. Louys, & la Fille de la Reine Blanche, dont vous portez la Couronne, & dont vous imitez la vertu.

EPISTRE.

Cette vie auoit esté escrite il y a enuiron quatre cent ans par la Sœur Agnes de Harcourt, l'vne de nos Religieuses, qui auoit esté fille suiuante de cette grāde Princesse, & depuis par vne plume moderne: Mais comme l'vne à raison de son grand âge, ne parloit plus à nos oreilles, & l'autre auoit trop de digressions, nous y auons desiré vn plus iuste temperament.

C'est pourquoy, comme nous ne pouuions ignorer l'estime que vostre Majesté a tousiours faite de la Personne & des ouurages du R. Pere Caussin: nous l'auons recherché dans son éloignement iusques aux extrémitez de la France, & l'auons supplié de

EPISTRE.

nous dresser cette histoire en bonne forme. Ce que sa charité nous ayant accordé, il nous l'enuoya, & ie l'ay gardée curieusement iusques à tant que Dieu m'a inspiré la pensée de la donner au public sous le nom de vostre Majesté.

Elle y verra un parfaict exemple de la vie neutre des femmes & des filles, qui ne sont ny au Mariage, ny a la Religion. Car cette tres-haute Princesse refusa l'alliance du fils de l'Empereur, pour viure en perpetuelle virginité. Et comme ses infirmitez corporelles ne luy permettoient pas d'estre Religieuse, elle fonda nostre Monastere de Lōgchamp, sous l'Ordre de S. François, & se retira parmy ses Filles, où apres auoir menè en terre vne vie toute celeste, elle est entrée par la mort dans la possession de son immortalité. Nous auõs le sacré Corps qui a esté animé de ce tres-pur esprit: Nous auons cette pretieuse cendre, qui a esté iusques icy comme la semence des grands Miracles qui se sont faits à son Tombeau. Et si ce Lieu attire les deuotions de tout le monde, il ne peut estre raisonnablement priué de celles de vostre Majesté, à qui le Sang & la Parenté y dõnent vn principal interest. Les prieres & les intercessiõs d'vne Ame si Royalle & si sainte, sont capables d'attirer de grandes benedictions sur

EPISTRE.

le Roy, sur vostre Majesté, sur sa Maison, sur tout son Royaume, & de vous acquerir vne grande Couronne dans le Ciel. C'est le vœu de toutes nos Religieuses, & de celle qui est particulierement,

MADAME,

Vostre tres-humble, tres-fidelle, & tres-obeissante seruante & subjette,
ISABELLE MORTIER,
Abbesse de Long-chāp.

Extraict du Priuilege du Roy.

PAR grace & Priuilege du Roy, il est permis à Claude Sonnius & Iean Du Bray, d'imprimer ou faire imprimer la vie de sainte Isabelle de France, composée par le R. Pere Caussin, & extraicte de l'augmentation de la Cour Sainte, & ce durant le temps & espace de dix ans, auec defences à tous autres de quelque qualité & condition qu'ils soient, d'imprimer ou faire imprimer ledit Liure à peine de Trois mil liures d'amende, ainsi que plus amplement il est contenu aux lettres dudit Priuilege. Donné à Paris le 30. Aoust 1643 signé SIMON, & scellé.

Permission du R. P. Prouincial.

IE sous-signé Prouincial de la Compagnie de IESVS de la Prouince de France, suiuant le pouuoir qui m'a esté donné par nostre R. P. General permets à Claude Sonnius & à Iean Du Bray Marchands Libraires à Paris, d'imprimer la Vie de Sainte Isabelle, tirée de l'augmentation de la Cour Sainte, composée par le P. Nicolas Caussin de nostre Compagnie & reueuë par des Peres de la mesme Compagnie qui l'ont approuuée. Fait à Paris le 26. Feurier 1644.

IEAN FILLEAV.

LA

LA VIE DE SAINTE
Isabelle, enuoyée à Madame & tres-Reuerende Mere sœur Isabelle Mortier, Abbesse de Long-champ, & aux deuotes Religieuses de sa Maison & de son Ordre.

MADAME,

Les saintes importunitez dont vous assiegez ma solitude iusques aux extremitez de ce Monde, où la Prouidence de Dieu m'a rangé, me donnent autant de desir de vous satisfaire, que de peine à me resoudre sur vo-

A

stre satisfaction : Vous me demandez vne Vie de sainte Isabelle à faire, & en mesme temps vous m'en enuoyez deux faites, l'vne par la sœur Agnes de Harecour, qui a veu ce qu'elle escrit, ayant eû l'honneur d'auoir esté domestique de ceste Bien-heureuse Princesse : L'autre par vn autheur de grande lecture, qui n'oublie rien à dire, & qui passe souuent son sujet par la fecondité de son esprit. Ie ne sçais qui vous a fait trouuer la pauureté dans l'abondance, si ce n'est l'auidité de l'esprit humain qui estime ordinairement plus beau tout ce qu'il ne possede pas. Si la naïueté est pleine de doux attrais qui a t'il de plus naïf que le stile de la sœur Agnes qui sémble n'auoir qu'vne mesme bouche auec la Verité ? il n'y a rien de sophistiqué dans sa conception, rien de fardé dãs son lãgage, elle escrit à mon aduis comme elle a vescu, & la sincerité qu'elle apporte à publier les Vertus de sa sainte, me fait croire qu'elle a fait de son liure sa propre vie, tirant vne imitation en ses mœurs de celle dont elle a inseré les faits dans ses escrits. Ie vous avouë que i'ay de la peine à supporter ces lõgues Vies, où chasque ligne fait vn chapitre, & chasque cha=

pitre vn volume, & où à force d'amplifier vn sujet de paroles, on en diminuë la creance. Il y a des Vies pleines de choses extraordinaires, de contradictions, de changemens, de persecutions, de chaisnes, de sang, de flammes qui releuent naturellement vn style, mais il y en a d'autres qui sont toutes interieures, & tousiours dans vne égalité reglée de mesmes actions, qui ont bien du merite deuant Dieu, mais qui n'ont pas tant d'éclat sur le papier. Ie trouue que celle de sainte Isabelle est de ce genre, & que la simplicité de la sœur Agnes à mieux rencontré par sa brieueté que les longueurs & les digreffions de quelques autres. Mais fi vous la trouuez trop courte, alongez la par les amplifications de Monfieur Roüillar dont vous auez le liure imprimé affez plein de recherches. Il me fuffit de vous donner icy vn ouurage ajufté, qui pourra contenter les iudicieux, & edifier les deuots. Ne me preffez point de faire ce que ie condamne, ne me demandez point vn gros volume de ce qui peut fe comprendre en peu de pages. Ie cherche à prefent pluftoft l'art de raccourcir mes paroles, que de les amplifier. La vie de Iefus-Chrift eft fort courte dans chacun des Euangelistes, pour nous apprendre que les plus grandes actions ne demádent pas tant l'abondance du langage, que la veneration de leur merite. Que si le style de la Religieuse, âgé de quatre cent ans, ne vous semble plus parler à nos oreilles; ie seruiray de truchement à ses pensées pour luy rendre ce que ie luy dois, sans vous priuer de ce que vous attendez de moy.

Isabelle de France estoit en noblesse la plus haute persōne de son sexe. Dieu luy auoit donné pour ayeul Philippes Auguste, ce Monarque inuincible, qui a égallé la valeur de

Conſtātin, la pieté de Theodoſe, & le bon-heur de Charlemagne. Son Pere ſe nommoit Louys VIII. Prince tres religieux, qui fut le deſtructeur des Heretiques Albigeois, dont la vie fut courte, & la poſterité aſſez nōbreuſe. Il auoit épouſé Blanche fille d'Alphonſe huictieſme, Roy de Caſtille, & d'Eleonor d'Angleterre, dont il eut ſix fils & deux filles. L'aiſné des fils fut Philippes qui mourut jeune, le ſecōd S. Louys qui ſurpaſſa tous les autres en toutes perfections, & la cadette des deux filles fut noſtre Iſabelle. La Mere eſtoit vne Reine pleine de ſens, de courage &

de bon-heur, qui consacra sa viduité par de tres-hautes vertus, & sa Regéce au Royaume par vne tres-sage conduite. Elle prit vn soin infatigable de l'education de ses Enfans, nommement de S. Louys que Dieu auoit fait naistre pour de si grádes Esperáces, & de sa chere Isabelle qui luy estant restée l'vnique de son sexe, exerçoit en elle les soucys d'vne bonne Mere auec toutes les tédresses possibles d'vn parfait Amour.

Cette sainte fille cómença à respirer la deuotion presque aussi tost que l'air, & l'Ame qui animoit son Corps se trouua incontinent animée

SAINTE ISABELLE. 9
de Dieu. Le bon-heur du siecle qui luy dóna la naissance, contribua beaucoup à cét effet, puisq; la sainteté estoit alors le mestier des Grands, qui la defendoient de parole, & en faisoiēt leçon dans leur exemples: Les instructions de la Mere y seruirent aussi dauantage : Mais le doigt de Dieu fit le commencement, le progrez & l'accomplissement de ce grand ouurage, lorsqu'il luy imprima dés ses plus tendres années vn caractere de vertu, qui se rendit depuis visible en toutes ses œuures. Le Monde recognût d'abord qu'il n'auoit rien à partager en cette belle Ame

qui eſtoit totalement acquiſe á ſon Createur. La grãdeur luy ouuroit toutes les portes de l'hõneur, la Volupté ſembloit luy monſtrer vn champ tout émaillé de fleurs, mais foulãt aux pieds to⁹ ces charmes, elle couroit entre les bras de la Croix pour y trouuer ceux de Dieu; Cét enfant ne ſçeut quaſi que c'eſtoit de l'enfance, elle deuint ſerieuſe deuant l'âge, & âgée deuant le temps. Elle ne cognût les recreations du monde que pour les meſpriſer, & n'en priſa jamais les biés que pour les dõner. Elle eſtoit encore à la mamelle lors qu'elle quitta les poupées & les ieux des

SAINTE ISABELLE. 11
petites filles de son âge, pour se liurer à son celeste Espoux. Elle ne faisoit cõpte de tous les plus beaux affiquets, ny de tous les plus riches atours qu'on luy monstroit, mais aussi tost qu'on luy auoit presenté vne image de N. Seigneur, de sa Diuine Mere, ou de quelqu'autre saint, elle estoit rauie de joye ; elle la prenoit auec reuerence, & la baisoit auec des sentimens de deuotion qui passoiét la tendresse de son âge.

Comme elle commença à cognoistre le monde ses belles-sœurs qui estoient de tres-hautes Princesses ne manquerét pas de la porter aux pompes, & aux vanitez du siecle, mais tout cela seruoit plus de tourment à son esprit, que d'allechement à ses sens. Elle dit vn iour à vne bonne Religieuse que pour obeyr à la Reine sa Mere, & ne sembler pas du tout farouche à ses Parentes, elle estoit quelquefois contrainte de se parer, sans que jamais il luy fut venu en pensée de prendre de la Vanité d'vn bel habit, mais qu'elle auoit d'aussi tendres sentimens de deuotion sous la soye, & sous l'escarlatte qu'elle auroit sous la bure.

Cela tesmoignoit vne grãde force d'esprit en cette

Illustre Princesse, & faisoit bien paroistre que viuant encore vne vie commune dans le monde, elle n'auoit rien de commun auec luy.

Sainct Chrysostome escrit que c'est vn signe manifeste qu'vn Enfant paruiendra à quelque chose de grand en ce qui concerne la sainteté, lorsqu'il se plaist à prier Dieu, & que de son gré il se range à ce saint exercice. Car il est vray qu'vne Ame qui cōuerse souuent auec cette souueraine Sagesse, se colore de ses lumieres. C'est ce qui fut ordinaire à saincte Isabelle dés sa petite enfance: Elle traittoit auec Dieu, elle deuāçoit mesme l'Aube du jour pour luy porter ses remercimens, & recueillir cette manne celeste, qui tombe sur les Ames les plus épurées dans les delices de l'Oraison. Elle auoit coustume de se leuer quelque fois la nuict, & d'adorer Dieu au point du silence de toutes les Creatures, ce qui fit qu'estant vn iour prosternée au pied de son lict & ayant demeuré long temps rauie des douceurs de la contéplation, lorsqu'il falloit desloger pour passer d'vn lieu en vn autre : le sommier du bagage entra en sa chambre, pensant qu'elle fut en son cabinet, & comme elle estoit couuerte du rideau, ne prenant pas garde à sa personne, il enleue promptement les draps, la couuerture, & les rideaux pour les emmaler. La petite Princesse qui estoit bien auant dans ses deuotions se trouua insensiblement enfermée dans le pacquet, & cōmença à crier: Les Damoiselles qui l'ouyrent dans la garderobbe y accoururent hastiuement, & la tirerent du danger où elle estoit d'estre estouffée parmy les hardes. Elles en demeurerent fort estonnées, mais la sainte fut hōteuse d'auoir esté surprise dans les secrets entretiens qu'elle auoit auec son bien aymé, n'estimant rien tât que de faire les belles actions par pieté, & les cacher par industrie. La sœur Agnes adjoute qu'elle apprit cecy de la bouche de S. Louys qui le racontoit auec plaisir, estant asses souuent touché des mesmes sentimens.

A l'Oraison se venoit joindre vne grande abstinence, qu'elle cultiua dés son bas âge, contre le naturel des enfans, qui ont tousiours l'appetit ouuert à la delicatesse des viandes: mais cette celeste fille mãgeoit si peu, que Madame de Bensemont sa Gouuernante asfuroit que ce qu'elle prenoit pour sa refection, n'estoit pas pour nourrir vn rir vn corps humain sans miracle. La Reine Blanche sa Mere quoy qu'elle prit plaisir à voir cette ieune vigueur qui s'exerçoit si genereusement dans la vertu, ne laissoit pas d'estre attendrie de compassion, voyant qu'elle traitoit sa chair innocente auec tant d'austerité : Et comme elle sçauoit les fortes inclinations que Dieu luy auoit données pour l'aumosne, elle employoit industrieusement le secours d'vne Vertu, pour en moderer vn autre, l'inuitant quelques fois à manger vn morceau, à telle condition qu'elle luy donneroit quarante sols pour estre deliurez

B

aux pauures. Ce duel de Vertus luy donnoit de la tentation, mais ne voulant point gratifier son corps au preiudice de l'esprit, elle se faisoit la seconde de la sobrieté, & supplioit la Reine sa Mere, de se tenir deuëment obeïe, par l'obeïssance qu'elle taschoit à rendre à Dieu dans ses petites pratiques de Deuotion, qu'elle faisoit auec l'aduis de son Confesseur, & qu'il pleut à sa Majesté de prendre desormais d'autres raisōs pour l'aumosne, que celles qui estoiẽt incompatibles auec le jeusne, de sorte qu'elle ne quitta point la coustume qu'elle auoit de jeusner trois fois la semaine, outre ce qui est ordinaire à toute l'Eglise. On la seruoit de viandes exquises, suiuāt sa condition, mais elle enuoyoit tout le meilleur aux pauures malades, & aux infirmeries des religions, se reseruant tout ce qu'il y auoit de plus vil plustost pour empescher la mort, que pour gouster les plaisirs de la vie.

Voilà par où les saints ont commencé ce grād ouurage de la perfection : c'est ce qui fit vn lit de roses aux trois enfans de Babylone parmy les flammes, c'est ce qui couronna S. Nicolas dés le berceau, & le fit triompher du plus capital de nos ennemis, lors qu'il estoit encore enueloppé dans les langes.

Mais comme nostre sainte Isabelle ne se côtentoit point d'vne deuotion oysiue, elle apprit soigneusemét dés son enfance, à lire, à escrire, à trauailler en soye, en fil d'or & d'argent, & à faire toute sorte d'ouurages à l'éguille. La Reine Blanche qui sçauoit qu'il ny a rien de pire que de laisser viure vne fille dans la feneantize, la tenoit tousiours en haleine sur quelque piece, & luy donnoit du courage dans son trauail. Il arriue souuent que faute de séblables exercices, la vie des filles, & des jeunes mariées se remplit de par-

leries, de cajol, de mignardi-
ses, d'amourettes, & de mauuais desseins qui esbranlent
fort la chasteté.

Celle cy trouuoit son plaisir dans sa solitude qui la tenoit tousiours en quelque
bonne occupation, & l'éloi-
gnoit tellement des vaines
conuersations du monde,
qu'elle prenoit ordinairemét
ses recreations innocentes a-
uec ses filles, & si quelque hô-
me par hazard interuenoit la
dedans, elle ne manquoit pas
de s'aller cacher, & ne se mô-
stroit point qu'il ne se fust re-
tiré. Cette humeur estoit
bien esloignée du naturel des
filles, qui se plaisent si fort

dans les entretiens des Hommes, qu'elles ne voudroient pas demeurer mesme au Paradis terrestre, s'il n'y auoit vn Adam.

La sainte passa le mestier ordinaire des filles, car elle apprit soigneusement le Latin, & l'entendit à telle perfection, qu'elle pouuoit corriger les compositiõs de ceux là mesme qui en faisoiét profession. Quelqu'vn s'estonnera peut-estre que la Reine sa Mere, qui gardoit de si grãdes justesses à l'éducation des filles dans le train ordinaire, luy ayt permis d'apprendre vne langue qui est la clef des sciences, & l'entrée du commerce que nous auõs auec les ſçauans, veu qu'on dit qu'vne femme qui parle latin ſemble changer de ſexe, & prendre vn eſprit extraordinaire, qui la porte quelques fois à des actions bien eſtranges. Nous ſçauons que certaines filles qui eſtoient des rauiſſans prodiges d'eſprit, apres s'eſtre fait inſtruire aux langues Latine, Greque, Hebraïque, ſont enfin deuenuës ſi lettrées, qu'apprenant tout ce qu'il y auoit dans les liures, elles ſe ſont oubliées de la pudicité : & quoy qu'elles paſſoient dé-ja preſque pour des Intelligences, elles ſe ſont plongées dans la matiere &

& dans la corruption de la chair, au preiudice de l'honneur. I'avouë franchement que la cognoissance des lettres est dangereuse aux esprits de femmes qui sont legers, hautains, & libertins, mais celles qui sont prudentes, hũbles, & retenuës en profitent souuent, en tirent de grandes vtilitez, nommément quand elles se sont dediées à la vie contemplatiue, par l'estroite obseruance des regles d'vne Religion.

C'est pourquoy la Reine Mere considerant que l'esprit de sa fille estoit sage, modeste, & remply de pudeur, sans qu'il y parut jamais rien de

SAINTE ISABELLE. 25
vain, ny de lascif, & voyant que tous ses deportemens la portoient à la pieté, elle iugea qu'elle seroit fort aydée de la cognoissance de la langue latine, pour parler auec les saints Peres, & lire tant de beaux traitez spirituels qui ne se trouuoient point pour lors en nostre langue vulgaire.

L'ardeur de son esprit, & le peu de soin qu'elle auoit de son corps, la firent tomber dans vne grande maladie au point de sa premiere jeunesse, qui la porta iusques au portes de la mort. La Reine Blanche pour lors absente, s'estoit veuë obligée de faire quelq;

voyage d'importance auec le Roy son fils pour les affaires du Royaume. La malade estoit demeurée à S. Germain en Laye auec la Reine sa belle sœur, qui fut estonnée de la voir surprise assez soudainement d'vne fiéure violente, & ne manqua d'en aduertir la Mere, qui rompit son voyage & se rendit promptement à S. Germain auec S. Louys. Ils trouuerent que le mal estoit en sa plus forte vigueur, & ne menaçoit rien moins que de l'enleuer bientost de ce monde. Le cœur maternel qui respiroit si doucement en l'amour de cette fille vnique, & si hautement accomplie, en fut outré de douleur, & de crainte, le Roy en fut aussi sensiblement touché, & toute la Cour affligée dans les apprehensions de perdre vne si aymable personne.

Les prieres publiques sont cõmandées par tout, & mille bouches sont ouuertes aux Autels pour luy demander la Vie & la Santé. La Reine Mere non contente des deuotiõs qui se faisoient dãs le Royaume, la recommande à ses voisins, & comme elle honoroit parfaitemét vne personne de grande sainteté, qui demeuroit à Nanterre, elle y enuoye prõptemét pour y multiplier les prieres, & pour sçauoir l'iſſuë de la maladie de ſa fille, par le moyen de cette Ame deuote qui eſtoit en reputation d'auoir le don de Prophetie. Elle fit reſponſe que noſtre Iſabelle, ne mouroit point de cette maladie, qui ſeroit ſuyuie d'vne parfaite gueriſon, mais que la mere ne la deuoit plus cõpter entre les viuans, parce qu'elle ſeroit deſormais morte au monde, & ne viuroit plus que pour l'Autheur de la vie.

Cette parole fut verifiée par la bonne diſpoſition de la ſainte, & par la reſolution qu'elle prit de ſe donner totalement à Dieu. Les grandes maladies ſont ordinairement des periodes de noſtre âge qui font de grands changemens au corps non ſans quelque participation de l'eſprit. Les mõdains en deuiennent quelquefois pires, puiſque ſous ombre de reparer les forces perduës, ils ſe nourriſſent delicatemẽt & ſe laiſſent emporter d'vn cours rapide aux voluptez & aux deſbauches du ſiecle, cõme s'ils n'auoiẽt reçeu la ſanté que pour l'employer contre celuy qui leur a donnée. Mais les perſonnes ſpirituelles en profitent notablement, & releuẽt les trophées de l'eſprit ſur les ruïnes d'vn corps abbatu.

S^te Iſabelle commença ſerieusemét à considerer la caducité de nostre chair, & vit bien que le sang Royal n'auoit point assés de force pour se defendre contre les trais de la mort : elle retraça tous les pas de sa vie passée, & deuáça sur le futur, touchée des premiers rayós de l'éternité. Où allós nous (disoit elle) ô mon cœur & que faisons nous ? N'est il pas clair que la vie presente n'est qu'vn amusement des Ames foibles, que les plaisirs en sont amers, & qu'il n'y a rien de plus certain que l'incertitude des joyes? Tu vois où la maladie t'auoit rangée, & que pour vn corps humain elle ne t'auoit laissé qu'vn peu d'écorce, la mort t'a dé-ja entamée, & ne faut point douter qu'elle n'acheue bien toſt ce qu'elle a commencé. Puiſq; le temps n'eſt pas à nous, entrons en poſſeſſion de l'éternité, & ſi ce corps eſt ſi fragile cherchons vne demeure perdurable dás le Ciel. Que pouuons nous pretendre dans le monde que le meſpris de tout ce qu'il a & de tout ce qu'il eſt? On nous dira qu'vn haut mariage no⁹ attend: mais c'eſt quand i'auray pris Ieſus pour eſpoux, Que les plus gráds honneurs me ſuiuent: mais ie les veux poſſeder en les fuyant, Que toutes les delices de la vie, ne sont faites que pour moy, mais ie n'en puis souffrir d'autres que celles qui se retreuuent en la Croix de mon Sauueur. Ne vois tu pas Isabelle comme le Roy ton frere marche à grand pas à cette vie celeste, dont le Sauueur du mõde nous à tracé les routes par son propre sang ? Il est grand sans complaisance, riche sans orgueil, & Roy sans ambitiõ. Pouuons nous participer son sang sans prendre part à ses Vertus ? Allons de ce pas, entrons dans ce grand Royaume des Iustes, où les esperances sont sans tromperies, & les contentemés sans regret.

Elle prit donc vne ferme reso-

resolution de seruir Dieu en perpetuelle virginité, de renoncer à toutes les pompes, & à tous les plaisirs du monde, & viure vne vie toute retirée du cōmun, dans la contemplation, & dans l'exercice des bonnes œuures. Mais cette pensée ne fut pas pluftoſt écloſe qu'elle fut attaquée par de tres grands combats, qui eſtoient d'autāt plus violens que l'amour les faiſoit naiſtre, & la douceur les entretenoit.

Elle eſt recherchée en mariage par le fils de l'Empereur Fedric II. nommé Conrard, qui deuoit eſtre heritier de l'Empire, & ce party ſembloit

C

fort auantageux au Roy S. Louys, & à sa Mere, pour le desir qu'ils auoient d'entretenir la paix auec les Princes Chrestiens, & de s'appuyer par vne Alliáce indissoluble. Mais comme nostre Isabelle commença bien tost apres sa maladie à parler le langage du Ciel, & tesmoigner ouuertement qu'elle auoit choisi Iesus-Christ pour espoux, & que i'amais mary ne luy seroit rien, quand bien il seroit chargé de tous les sceptres, & de tous les Diadesmes du mõde, elle experimenta de grandes contradictions de ses Parens, qui ne la vouloient pas deuote jusques à ce point. Les

SAINTE ISABELLE. 35
soumissiōs si profōdes, qu'elle auoit tousiours réduës aux commandemens de la Reine sa Mere, les deferéces si souples qu'elle n'auoit iamais deniées aux Conseils du Roy son frere, luy faisoiét souffrir vn martyre bien penible de se voir reduite à la necessité de contrarier leur sentimens, ou de s'abandonner au monde qu'elle ne pouuoit nullement gouster.

Le Pape Innocét quatriesme quoy qu'il fut tres-pieux, & tres-prudent se mit de la partie contre elle, & luy escriuit vne forte lettre, par laquelle il luy conseilla de se marier, luy remonstrant les
C ij

grandes vtilitez qui prouenoient ordinairement à la Chreſtienté par les Alliances des grandes & vertueuſes Dames. Il luy ſembloit que leur pieté jointe à vne puiſſante authorité eſtoit capable de reformer vn Empire, & de dóner des enfans qui ſeroiét cauſe d'vne infinité de biens, en tirant le ſang & le bon naturel des meres.

Voicy la ſubſtance de ſa lettre.

Lettre du Pape Innocent
Quatrieſme.

A Madame Iſabelle de Fráce,
ſœur vnique du Roy.

MA tres-chere fille,

Salut & benediction Apostolique. *Le zele que ie dois auoir pour la beauté de la maison de Dieu, me remplit de satisfaction, lors que i'entends que sa loy est vn flambeau qui marche tousiours deuant vos pieds, selon le dire du Prophete, & que vous cheminez à grands pas, dans les sentiers de la perfection chrestienne. Cela me fait esperer qu'estant d'vne si haute naissance, vous seruirez d'exemple en vostre sexe à tant de bonnes ames qui embrassent serieusement la vertu, & que vous porterez la sainteté dans la Cour, sans y* rien prendre de ses vanitez.

Mais ma tres-chere fille ie ne vous puis dissimuler qu'ayāt appris par les lettres du Roy vostre frere nostre tres aymé fils, & par celles de la Reine vostre mere, comme vous estes recherchée en mariage par le fils de l'Empereur, on trouue vn peu estrange que vous ne voulez pas entendre à vn party qui vous est si sortable. On dit que vostre condition vous oblige de viure dās le monde, & que vostre inclinatiou vous porte a y mener vne vie escartée des viuans, sans rien pretendre au mariage, ny aux esperances de la posterité.

Toutesfois selon que ie suis informé vous n'auez point d'in-

SAINTE ISABELLE. 39
tention d'entrer en vn Monastere pour y viure dans la profession religieuse, mais vostre esprit se forme vne vie neutre qui n'est pas ordinaire dans le siecle, & qui ne peut passer si facilement dans l'approbation de ceux à qui vous deuez toute obeissance.

Ma tres-chere fille vous auez selon que ie me persuade l'onction de l'esprit de Dieu: & la lecture des saints liures qui a si dignemēt occupé vostre esprit dès vostre premier âge vous peut auoir appris le dire de saint Paul en l'Epistre aux Hebreux, que le mariage est honorable en toutes choses & le lict immaculé. Vous sçauez que c'est vn Sacrement accompagné de l'approbation &

de la benedictiō de l'Eglise, vous n'ignorez pas que saint Hierosme le louë par ce qu'il produict mesme des vierges comme les espines font les roses. Ie ne doute point que vous n'ayez souuent leu l'Histoire de Tobie, où vous voyez qu'vn Archange & mesme l'vn de ceux qui assistent deuant le throsne, & deuant la face de Dieu, descend du Ciel pour se mesler d'vn mariage, & monstrer aux hommes cōme il le faut traitter auec tout honneur. Si le mariage estoit digne de blasme, iamais la plus pure des Vierges, & la tres-sainte mere de Dieu, n'eut porté le nom de mariée. Ie vous accorde tres volontiers que la Virginité, est d'autant plus releuee sur luy que le bien diuin surpasse l'humain, & que le salut de l'Ame est preferable à toutes les commoditez de la vie actiue, mais c'est vn don de Dieu qui n'est pas commun à tout le monde, & qui se conserue rarement dans la vie du siecle iusques à son dernier periode. La prouidence de Dieu veut qu'il y ait des vierges, & ne veut pas aussi que le monde soit destitué de gens mariees pour luy donner vne posterité Chrestienne, & eternifer son seruice. Sçachez ma fille que les mines d'or & d'argent a les voir paroissent fort chetiues, mais c'est de là qu'on tire les Calices qui reluisent sur nos Autels: si le mariage vous semble bas d'vn costé, il est bien releué de l'autre, puisque il est pour donner à Dieu des souuerains Pontifes, & des Monarques Chrestiens.

Ie considere que le Roy vostre frere, & la Reine vostre mere s'interessent beaucoup dans cette affaire, & que leur sagesse, & leur pieté qui sont assez cogneuës dans toute la Chrestienté, meritẽt qu'on defere à leur sentimẽt tout ce que la loy de Dieu permet. Tous les enfans qui se comportent sagement doiuent ouyr les Conseils de leur pere & mere quand il est question de se resoudre sur le point des conditions de la vie, mais vous auez vne particuliere obligation à ce deuoir, estant née d'vne si bonne mere, & qui a si

SAINTE ISABELLE. 43

dignement trauaillé à vous esleuer selon vostre Royalle Condition. Le Roy vostre frere vous tient aussi lieu de Pere, il vous ayme tres cherement, & sçait ce qui vous est conuenable: Vous ne deuez rien attendre de sa prudence qui ne soit raisonnable, de son equité qui ne soit iuste, & de sa bonté qui ne vous soit auantageux. I'espere tant de vostre obeissance que vous ne ferez nulle difficulté d'acquiescer à leur Conseils, & que vous aurez esgard à cette remonstrance que ie vous addresse auec ma benediction, priant Dieu qu'il vous inspire, & vous remplisse de la cognoissance de ses saintes volōtez, & d'vn grand Courage pour les mettre en execution.

Ce sçauant Pontife n'ignoroit pas que la Religion est vn dessein tout celeste, que Dieu a commencé dans le monde dés le Patriarche Enoch, qu'il enleua de la Cōpagnie des hommes, pour le consacrer à la vie des Anges. Il a de tout temps inspiré aux Ames les plus épurées des retraites de ce grand commerce des viuans, pour vacquer á luy plus particulierement. c'est l'estat que Iesus a honoré par sa vie toute Diuine, que la tres-sainte Vierge a choisi par élection, & que tant de millions de saints ont enrichi par leur exemples. C'est vn abus insupportable de

SAINTE ISABELLE. 45
blafmer le genre de viure, que la sainte escriture authorise si dignement, que les Peres defendent auec tant de zele, & que la prattique de tous les siecles publie depuis le commencement de nostre Christianisme. Ce n'estoit donc pas le dessein du Pape Innocent, de fauoriser le mariage au preiudice de la virginité: Mais il iugeoit que ce qui est le plus excellent en sa condition, n'est pas tousiours le plus conuenable en la conduitte de là vie. C'est vne chose plus haute de voler que de marcher sur terre, & toutes fois elle n'est pas expediente aux hómes quoy qu'ils soient

plus que les oyseaux. L'Estat de chasteté perpetuelle est à preferer au mariage, mais il n'est pas fait pour toute sorte de personnes. Il y a plusieurs Dames qui ont acquis vne grãde perfection dãs le monde, par les œuures de pieté & de charité, lesquelles eussent mené peut-estre vne vie fort languissante dãs la Religion. D'autres se sont signalées dãs la societé ciuile comme de grands fleuues chargez de richesses & de cõmoditez pour le bien public, qui entrant dans vn Monastere se sont perduës comme les riuieres dans la mer, il faut bien escouter ce que Dieu dit à l'oreille du cœur, quand il est question de se resoudre à prédre party, & n'aller point contre le cours des bonnes inclinations, & contre les dispositions que Dieu a voulu attacher à nostre naissance.

Ce grand Pape qui n'estoit point entré dans la cognoissance particuliere des mœurs de sainte Isabelle, regardoit le fruict qu'elle pouuoit faire dans le monde, & condescendoit amiablement aux intentions de la mere qui estoit en vne parfaite reputation de vertu. Mais sainte Isabelle voyant que la partie estoit bien forte contre elle; escriuit au Pape pour sa defense vne lettre dont i'ay voulu icy inserer la teneur.

Response de Madame Isabelle de France, à la lettre du Pape.

T*Res-saint Pere,*

La plus humble de vos filles prosternee en esprit à vos pieds, vous parle deuant Dieu, au nom de Iesus-Christ. Ie ne sçaurois assez exprimer les diuers mouuemens de mon cœur que i'ay ressentis à l'ouuerture de la lettre de vostre Sainteté. Car d'une part i'ay conceu des ioyes semblables à celles des bien-heureux, voyant que les soins tres-charitables

tables de voſtre ſainteté dans ce haut comble de gloire qui porte toutes les affaires de la chreſtienté, ſe ſont eſtendus juſques à moy, qui ſuis la plus imparfaite, & la plus indigne de vos petites ſeruantes : d'autre part auſſi i'ay eſté grandement ſurpriſe d'eſtonnement & de triſteſſe, conſiderant qu'vne authorité ſi eminente que la voſtre, ſembloit me diſſuader le conſeil de la virginité perpetuelle, pour me reſoudre au mariage : c'eſt icy que les angoiſſes aſſiegent ma pauure Ame de tous coſtez : car ſi ie faits ce que voſtre ſainteté me conſeille, ce m'eſt vne reſolution qui m'eſt plus amere que la mort, & ſi ie reſiſte auſſi tant ſoit peu à vos vo-

D

lontez, que reste-il sinon de souscrire à ma condemnation, & me declarer criminelle de desobeissance, enuers le Chef visible de l'Eglise, & le vray Vicaire de Iesus-Christ.

O Pere de misericorde soulagez icy le cœur de vostre pauure fille, qui se sent presque estouffé de douleur, permettez luy de s'ouurir, & de monstrer à vostre sainteté le fond de l'Ame dont il est animé. Ie ne suis point vne desobeissante, ie ne suis point vne rebelle, ie veux obeir, & mourir à vos pieds, quand vous m'aurez fait cette faueur d'entendre vne seule parole pour ma justificatiō. I'appelle de Vous à Vous mesme, vous n'auez point des yeux de chair pour voir à la façon des autres hommes: remontez seulement vne fois pour moy au throsne de saint Pierre, & si apres m'auoir ouye deuant Dieu, vostre sainteté me condamne, i'accepteray tout ce qui me sera prononcé de sa bouche, comme vn arrest du Ciel.

Ie sçais bien que ça esté vne œuure de vostre bonté d'auoir entendu les plaintes que le Roy mon frere, & la Reine ma tres-honorée mere, vous ont fait sur la resistance que i'apporte au mariage, mais ce sera vne autre œuure de justice, de me prester l'oreille la dessus, & de ne me condamner pas sans m'ouyr.

Tres-saint Pere ie vous dis

D ij

en tout humilité les dispositions de mon ame, & vous rends compte d'vne chetiue conscience dont Dieu vous a chargé. Il est vray que des mon enfance, i'ay senty des inclinations particulieres à l'oraison, & que i'ay mille fois imploré l'assistance du saint Esprit par les merites de la tres-sacree Vierge Marie, par l'intercession de mon Ange Gardien, & de tous les saints qui viuent dans le Ciel, pour obtenir la grace de faire vne bonne election du genre de vie auquel Dieu me destinoit, & ayant employé mes petites deuotions, & mes considerations cōtinuelles la dessus l'espace de plusieurs annees, jamais ie n'ay eu autre responce dans mon

SAINTE ISABELLE.

cœur que le conseil de la virginité perpetuelle: Ie sçais que le mariage est honorable & le lit des chastes espouses immaculé; mais ie ne puis oublier ce que dit l'Apostre saint Paul qu'il faut auoir vne sainte emulation pour les dons de Dieu, & souhaitter les plus excellens, & i'ay souuent appris que la virginité estoit autant releuee sur le mariage, que la clarté du Soleil sur celle des Estoiles, c'est la vie que Iesus a consacree en sa tres pure chair, c'est celle dont la tres-sainte Vierge Marie, nous a monstré l'exemple, c'est celle que saint Paul conseille apres la parole du Sauueur, celle que l'Eglise loüe hautement, celle que tant de saintes ont professee & signee auec leur sang.

Quel tort feray-ie à ma naissance si ie refuse le fils de l'Empereur pour espouser le Souuerain Monarque du Ciel & de la Terre? ce peu de cognoissance que i'ay des saintes lettres, ne ma permis d'ignorer vne parole de saint Augustin, qui dit, qu'il vaut mieux dôner des Vierges à Iesus-Christ, que des Cesars au monde. On me veut esblouir par l'esclat d'vn si haut mariage, mais ie sçais trop la vanité de toutes les choses de la terre, & qu'il n'y a rien de grãd que le mespris de la grandeur. On me veut flatter de l'esperance de la posterité, mais celle qui vit en esprit ne songe pas à s'immortalizer par la chair. On me propose les contentemens de la vie, mais ie n'en cognois point d'autres que ceux que ie prēds tous les iours en la conuerſation de l'Agneau le vray eſpoux de toutes les Ames celeſtes: Toutes les douceurs qu'on s'imagine dans ces hauts partys ſont bien arroſez de fiel, il n'y a roſe qui n'ait mille eſpines, les filles des grands Princes ſont pour l'ordinaire les plus malheureuſes au rencontre du mariage, ce ſont des pauures victimes d'eſtat qu'ō ſacrifie à la fortune du Royaume par des conſiderations tres humaines, mais ie puis dire quelquefois tres inhumaines, qui aboutiſſent à de ſenſibles deſplaiſirs: leur premiere felicité eſt le banniſſement de leur patrie, pour vi-

D iiij

ure en vne terre eſtrangere, où l'on les nourrit de fumées, & de ceremonies ſans leur donner vn plaiſir ſolide.

Que feray-ie auec vn mary n'ayãt autre meſtier que de prier, & de jeuſner, & de mortifier mon Corps pour donner la vie à mon Eſprit? il ne ſera point de mon humeur & ie ne pourray eſtre de la ſienne, nous ſerons tous deux au repentir, luy de m'auoir recherchee, & moy de luy auoir conſenti.

I'auouë que la conſideration du Roy mon frere & de la Reine ma mere m'eſt tres importante, mais ie ſuis ſi aſſeuree de leur haute pieté, & de la bonté qu'ils ont pour moy qu'ayant bien con-

SAINTE ISABELLE. 57

sideré mon affaire, ils corrigeront par conscience ce qu'ils ont arresté par raison d'estat. Aussi nos Theologiens que i'appelle mes maistres de Diuinité, ne disent pas que la puissance des peres & des meres s'estende sur les enfans iusques à violenter les fonctions de la nature, & de la grace mesme, que Dieu à voulu estre tres libres.

On me dira qu'il me reste dõc de professer cette virginité que i'ay embrassée, dans vn Monastere, sous quelque Regle de Religion de celles qui sont approuuees dans l'Eglise.

Ie puis dire à vostre Sainteté en toute verité, que ce seroit le comble de mes vœux, si i'auois autant de force que Dieu me donne de courage, mais la parole eternelle a dit que celuy qui veut bastir vne maison, doit penser aux moyens qu'il a de conduire son dessein, de peur que l'ayant esleuee de terre, il ne soit contraint d'abandonner son toict, & de seruir de risee au monde. Mes dispositions ne vont pas iusques à ce point que de m'obliger par vœu à vne Religion, ie me contenteray d'estre la petite seruante des seruantes de Dieu, de les assister de mon credit, de mes moyẽs, de les fonder, & de m'enfermer vn iour auec elles le reste de ma vie, en telle sorte que ma virginité ne courera point de hazard, & que ma volonté n'aura point de seruitude.

Ie ne suis pas la premiere, qui ay professé cette vie hors des cloistres, & des Monasteres; les plus anciennes Vierges de la Chrestienté n'en ont point autrement vsé, elles viuoient dans le monde quoi que hors du monde, & se trouuoient dans la conuersation des viuans, comme des gouttes d'eau douce dans la mer salee. La crainte de Dieu leur seruoit de rempart & sa protection de bouclier. Personne n'est si bien asseuré que celui qui se deffie de soymesme, pour mettre toute sa confiance en Dieu.

Ie supplie donc vostre Sainteté auec la plus profonde humilité de mon cœur, de considerer & peser, deuant Dieu, les raisons que ie lui ay proposees, & de m'appuyer de son authorité dans ce genre de vie que i'ay choisi, & que ie pense estre selon l'esprit & le cœur de Iesus. Que si vostre Sainteté apres y auoir serieusement pensé en juge autrement, ie me soumettray totalement à sa discretion, & descendray iusques dans l'ombre de la plus affreuse des morts, pour obeïr à ses commandemens. Il n'y a rien que ie ne fasse, & que ie ne souffre pour retenir l'honneur que ie veux posseder iusques au tombeau, qui est d'estre

La plus humble, la plus soumise & la plus obeïssante de toutes vos filles & seruantes ISABELLE.

Le Pape Innocent lors qu'il vint à cognoistre les sentimens interieurs de cette genereuse fille, & à desvelopper les plus secrets mouuemens de son cœur qu'elle luy declara par cette lettre escrite dans vne entiere confiance, changea d'aduis, & la confirma dãs la resolution qu'elle auoit prise de suiure l'estat de virginité perpetuelle, dont elle fit profession, sans toutefois quitter le monde, & la liberté de sa conduite.

C'estoit sans doute la condition ou Dieu la vouloit, & ie me persuade facilement qu'elle eust tres-mal reüssi dans le mariage. Son esprit escarté des joyes communes aux viuans, son visage austere, son habit simple, sa negligence aux affaires d'vn mesnage, ses paroles rares & comptées, ses longues deuotions, & ses mortifications continuelles ne promettoient rien de riant à vn mary. S'il eut possedé le Corps, jamais il n'eut tenu le Cœur.

Aussi tost qu'elle eut gaigné le Pape, & qu'elle vit que les resistances de ses parens plioient sous le poids d'vne si grande authorité, elle entra dans des joyes nompareilles, & fit vne profession ouuerte, & solemnelle de la perfection chrestienne.

Il faut necessairement avoüer, qu'il y a vne haute prouidence qui se mesle de la conduite de nostre vie, qui trame sourdement son ouurage, & fait souuent que les filles à qui tout le mōde donnoit des maris selon sa phantaisie, se trouuent insensiblement religieuses ou attachées au vœu d'vne virginité perpetuelle. Comme au cōtraire d'autres, que les peres & les meres & en suitte l'opinion d'vn chacun faisoient religieuses dés le berceau, se rencontrent inopinement dans le lien du mariage.

C'est merueille que saint Louys s'interessa tellement

à marier sa sœur Isabelle, que dés l'âge de dix ans il la promit par contract tres expres à Hugues fils aisné du Comte de Lusignan, qui dementit depuis par ses procedures l'estime qu'on auoit de luy, & décheut par sa faute de l'esperance de ce haut party. Conrard la recherche auec beaucoup plus d'apparence, mais il est exclus de ses pretentions par le vœu de virginité qu'Isabelle auoit desia conçeu dans son cœur. Et certes il sembloit que ce refus de la Sainte estoit vne prophetie, car ce mari pretendu fut Empereur mais malheureux, iusques la qu'apres vn regne

regne de deux ans il fut empoisonné par les artifices de son propre frere.

O prudente Isabelle qui sçeut faire vn si bon choix! ô courageuse Isabelle qui trouua le moyen de s'affermir si constamment dans sa sainte resolution! ô victorieuse Isabelle qui triompha si puissamment du monde & de la chair.

Ouurez luy Cieux ouurez luy toutes vos portes & la receuez au plus haut pourpris de la gloire, ou habitent les Vierges qui ont foulé aux pieds les Dieux d'or & d'argent que le monde adore. Vne fille vnique de Roy, vne sœur vnique de Roy, en la fleur de son âge, au plus haut point de sa grandeur, recherchée d'vn Empereur, à qui tout l'vniuers tend les bras, sollicitée par les saints, exhortée par les Papes, conjurée par les Reines à se marier, & vouloir demeurer immobile aux pieds de la Croix pour y offrir sa virginité, resister aux tentations, abandonner les aises de son corps, quitter toutes les pompes de la Cour, deffaire tant d'artifices, rompre tant de pieges, abbatre tant de forces qui la vouloient sacrifier au monde, & se donner si solemnellemét à Iesus! l'Idumée n'a point de palmes assez hautes pour honorer ses victoires, l'Inde n'a point assez de perles pour composer son diadesme, il merite estre tissu des plus belles estoilles du firmament, il merite d'estre embelly des clartez qui sortent du sejour des delices de Dieu.

Vn sujet si specieux, & dãs vne personne d'vne si haute cõsideration m'oblige à m'étendre sur la condition de la vie neutre laquelle fait profession de n'estre ny au mariage, ny à la religion, mais de suiure vne voye mitoyenne qui ayt quelque participation des deux. Ie sçais ce qu'a dit autrefois vn Empe-

E ij

reur bien prudent, qu'il falloit donner à vne fille qui estoit dans la maturité de son âge, vn mari ou vne grille. Ie n'ignore pas que d'autres personnes bien sensées n'approuuent pas ce genre de vie en des filles de condition, à qui ils conseillent le mariage ou l'entrée du Monastere, comme par vne necessité ciuile. Et i'auouë aussi auec eux que toutes les filles ne sont pas capables de cette neutralité; Mais aussi ie maintiens qu'il y en a qui sont doüées d'vn esprit si bien fait, d'vne conduite si mesurée, d'vne chasteté si inuiolable qu'elles font tres-sagement à l'imitation de sainte Isabelle de demeurer neutres, ne sentant point de disposition ny à l'vn, ny à l'autre party.

La premiere raison de ce cõseil est que toute personne bien auisée qui n'a point de vocation de Dieu à la vie religieuse, peut & doit rechercher la douceur de la liberté aux choses honnestes, sans se captiuer & sans forcer des inclinations qui ne procedent que d'vn bon naturel.

Tel est l'aduis de l'Apostre saint Paul, lors qu'il dit *que chacun demeure en la vocation à laquelle il est appellé: si vous estes seruiteur de vostre condition, ne vous en inquietez point. Mais si vous pouuez estre libre, prenez plustost l'usage de vostre liberté.*

Or de toutes les choses qui sont en nostre disposition, il n'y en a pas vne qui doiue estre plus raisonnablemét détachée de toute sorte de contrainte que l'élection de vie, ou pour le mariage, ou pour la Virginité perpetuelle. C'est violer les droits de la nature, & entreprédre sur vn domaine que Dieu a donné si particulierement à vne creature raisonnable, que de pousser par violence vne fille au mariage lors qu'elle n'y a aucune volonté. Par quelle raison luy peut on rauir son corps que la nature a formé pour elle, & qu'elle a si indiuisiblement vni à son Ame, pour le mettre contre son gré en la puissance d'vn mary, qu'elle ne cognoit point, qu'elle ne veut point, non pas par des-obeïssance aux commandemens du Pere & de la Mere, mais par Vertu, & par Amour de la Virginité.

Elle sçait toutes les difficultez qui sont au mariage: Elle conçoit toutes ses obligations. Que de peine à bien rencōtrer en vn siecle où l'on ne cherche pas tant des femmes que des bourses, où si souuent on se marie par vne concupiscence brutale, qui n'a des yeux que pour vne

E iiij

beauté téporelle, & na point de cœur pour Dieu. Quel esclauage de mettre sa liberté entre les mains d'vn mari qui sera peut estre furieux, & debordé, qui fera le Tyran des le lendemain de ses nopces, qui fera passer toutes ses coleres, ses jeux, ses yurongneries, ses impudicitez côme par vne loy d'vn empire qu'il a sur la femme! qui fera pl° de mal à vne pauure creature qu'vne legion de demôs n'en sçauroit faire au corps d'vne possedée! Quel malheur! que de tomber entre les mains d'vn esprit triste, auare & jaloux, qui mesurera tous les pas de sa partie, &

comptera tous ſes cheueux! Quel creue-cœur! que de voir toute viuante déuorer ſon patrimoine, manger ſes entrailles, outrager ſon corps, & noyer tous les iours ſa vie dans les larmes. S'il y a de la ſterilité au mariage c'eſt à pluſieurs vne langueur continuelle, & s'il y a trop de fecondité, ſont des ſoucys eſpineux, on ne ſçait que deuiendront ſes enfans; que de peine à leur amaſſer du bien! que de ſoin à le cõſeruer, que de facilité à le perdre! Les voir pauures c'eſt vn tourment, & les voir riches, c'eſt donner des armes à tous les pechez, on ne peut reſpondre de leur naturel : Tels qu'ō péſoit deuoir ſeruir d'appuy & d'ornement à vne famille, ſont deuenus les bourreaux de ceux qui les ont engédrez, les miſeres du monde peſent aſſez aujourd'huy à chacun perſonnellement, ſans les eſtendre en ſa race par vne lōgue & infortunée poſterité. Enfin quel plaiſir en vn commerce ou le plus grād plaiſir que la nature s'y peut imaginer eſt l'horreur des penſees d'vne perſonne qui n'y a nulle inclination ?

Cela bien conſideré, n'eſt-ce pas vne cruauté d'oſter à vne fille contre ſon gré la puiſſance de ſon corps & de

SAINTE ISABELLE. 75
sa volonté, qui est tres raisonnable. Si elle estoit née imperatrice on luy feroit moins de tort en luy volant son Empire, qu'en luy rauissant le pouuoir qu'elle à sur ses menbres, parce que l'vn est exterieur & casuel, l'autre est intime & naturel.

Mais on dira qu'elle espouse donc vne grille, si elle ne veut espouser vn mary. I'aduouë que l'estat de la Religion est le plus excellent: mais si elle n'y a point de vocation ce luy sera le plus desastreux. Tous ne sont pas nays pour vn monastere, Il y en a qui on l'esprit de Dieu, & non pas pour cela celuy d'vne communauté. Ie n'ignore pas que de viure en obeissance religieuse, par vne pure imitation de Iesus-Christ qui a obeï iusques à la mort, cest le plus haut degré de perfection, mais toute sorte de gens n'y peuuent pas atteindre. Il y a en qui ont de tresfortes dispositions à suiure leur propre iugement, aux choses qui sont permises, indifferentes, & raisonnables, ce qui arriue plus notablement à ceux qui sont de-ja auancés en âge, & qui ont quelque capacité d'esprit. Ce leur est vne gesne perpetuelle, d'estre contrains aux actions qu'ils pensent louables & honnestes, & d'abandonner leur liberté pour suiure les mouuemens d'autruy.

Sainct Thomas au troisiesme liure contre les Gentils, & Scot au second sur les sentences, auouënt franchement que les astres sont capables de former en nous des inclinations, ausquelles nous pouuons absolument resister, quoy que le plus souuent nous suiuons la pante de nos appetis, sans beaucoup d'opposition, or ceux qui sont versez aux choses celestes, ont laissé par escrit, qu'il y auoit certains Astres dominans, qui se trouuant bien placés dans la natiuité d'vne personne, luy donnoient des tentations de gouuerner sa vie par ses propres volontez, & de commander mesme aux autres, ou ils adioutent qu'il est expedient à ces gens-la de naistre libres & grands, autrement qu'ils sont inquietés tout le cours de leur vie. Nous ne pouuons pas nier que quantité d'ames courageuses par vne singuliere grace de Dieu, surmontent ces difficultés dans les religions, & rament genereusement contre le flux impetueux de la nature. Mais il y en a plusieurs dans le monde qui ne reussiroient pas dans ce combat, & qui viuant dans le siecle, passeront pour des saints, tant ils sont sages & moderés dans toute leur conduite; que si entrans en religion, ils gardent perpetuellement des semences de leur propre iugement, & de leur propre volonté, ils ne seront iamais religieux que tres imparfaits.

L'obeissance que l'on exige en la religion, comme elle est tres parfaite & tres excellente est aussi beaucoup plus estroite que celle d'vne femme mariée enuers vn mary. Car celle-cy ne va presque qu'à l'exterieur, au corps & aux actions communes de la vie: mais l'autre penetre par dela la mouëlle des os, prend vne possession entiere du cœur, s'asujettit l'entendement & captiue toutes les volontez, quoy que ce soit sous vn ioug tres-doux à ceux qui sont pourueus abondamment des graces de Dieu.

En outre vne femme mariée ayant bien rencontré passe quelquefois tout le cours de sa vie assez tranquillement auec vn mari : mais vne religieuse experimente plusieurs maistresses, & si elle en rencontre vne selon son cœur, elle en épreuue beaucoup d'autres contraires à son humeur, qu'elle ne peut pas supporter que par vne haute vertu; ce qui fait conclurre clure qu'vne personne qui est en possession de sa liberté, & qui n'a nulle disposition, à se soumettre aux volontez d'autruy, en ce qui concerne l'vsage de sa vie, fait tres bien de choisir la neutralité.

Adioutez qu'outre ce qui concerne les qualités de l'esprit, il y a quantité d'infirmités de corps qui se guerissent facilement dans le monde, par vn traitement raisonnable, & qui s'irritét par chaque iour dans la religion, ou vne personne genereuse ayát peur de paroistre trop seruile à son corps, succombe soubs le faix qui accablant la chair, diminuë aussi la force de l'esprit. Comme il est glorieux aux filles de condition d'entrer en vn monastere, foulant aux pieds toutes les gloires du monde: Aussi leur est il facheux d'en sortir apres le changement d'habit, & tant de ceremonies qui ne se peuuent faire qu'auec beaucoup d'esclat; & l'apprehension seule de ne pouuoir perseuerer, fait en plusieurs vn trouble d'esprit qui n'est pas imaginable. Et qui trouuera mauuais si vne fille demeure neutre pour s'en garentir, & s'affermir dans vn estat assuré?

Dauantage le choix d'vn

Confesseur & directeur semble deuoir estre la plus libre de toutes les libertez, & il y en a plusieurs dans le monde qui abandonnant beaucoup d'autres interests, ont de la peine de renoncer à celuy-cy, & d'ouurir leur cœur à d'autres personnes qu'à celles qu'elles ont choisiés, ou par inspiration de Dieu, ou par vne inclination raisonnable. C'est vn tres bon conseil de n'auoir point d'attache particuliere pour l'administration des Sacremens : mais toutes n'en sont pas venuës à ce point la. Il y a certaines qualitez en l'ame du directeur, & de la personne dirigée qui se rencontrant au point de leur harmonie, font alors des effets bien vtiles. Que si par le changement des personnes vous alterez ceste correspondance vous n'y trouuez pas le mesme succes. La parolle de Dieu mesme est plus efficace en vne bouche qu'en vn autre, & ne faut point blasmer ceux qui ont quelque discernemét pour les Predicateurs, quoy que les ames vulgaires s'attachent ordinairement à tout ce qui est le plus imparfait. Vne fille qui vit la vie neutre iouït de ces aduantages qui sont capables de donner à l esprit vne bonne nourriture & beaucoup de consolation dans ses ennuys.

De surplus, quoy que la Religieuse qui se depoüille de son bien, & donne à Dieu tout d'vn coup l'arbre & les fruits, approche de plus pres les perfections Apostoliques, toutesfois celle qui n'ayant point de vocation, retiét son bien pour l'employer à de tres bons vsages, se reserue vne source perpetuelle de misericordes, & de charitables offices enuers les pauures. Les richesses bié mesnagées sont les mains de la vertu, qui font à present des miracles dans le monde. Elles multiplient les pains, elles guerissent les malades, elles chassent les diables

& les pechez qui assiegent les ames foibles, elles sanctifient les pecheurs en moyennant leur conuersion, elles tirent presque les morts du tombeau, en dissipant les amertumes de ceux qui estoient enseuelis dans le desespoir. Il y a mille occasions d'auancer la gloire de Dieu, qui sont arrestées le plus souuent par faute de quelque secours temporel, qui peut proceder beaucoup plus facilement des dames & damoiselles, ou vefues, ou filles, qui viuent religieusement dans le monde. Le luxe qui est retranché de leur vie, donne à leur charités plus de liberté de sélargir. Elles peuuent estre vtiles à leur proches, & plus commodes à leur patrie. Il n'y a point de despenses superflues qui deuorent leur reuenus, il ny a point d'enfans qui partagent leurs soucys, elles sont toutes à Dieu, elles viuent toutes pour Dieu, les pauures sont leurs enfans, & les vertus sont leur posterité.

Quant aux filles qui ne sont point accommodez des biens temporels, elles ont plus de sujet d'embrasser la la vie neutre, d'autant que le mariage sans moyens est tres miserable, & que la porte des religions ne s'ouure presque point auiourd'huy qu'auec la clef d'argent. Les monasteres des Vierges n'ayant point de reuenus suffisans sont contrains d'exiger prudemment ce qui leur est necessaire, non pas pour viure grassement, mais pour subsister & eternizer des demeures, & des Seruantes perpetuelles à Iesus-Christ.

Enfin c'est vne prouidence de Dieu bien particuliere d'auoir des ames qui combattét le monde, non pas tousiours en fuyant comme les Parthes, mais en l'attaquant de pied ferme, & le terrassant iusques dans sa propre maison. L'exemple est auiourd'huy le premiere mobile du monde, lors qu'il part d'vne illustre personne & qu'il est bien enraciné dans la vertu, il tire les bons par inclination, les lasches par honte, les admirateurs par respect, les sujets par complaisance, les meschans par empire, les ennemis par enuie, & les amis par deuoir. La vie des Religieuses enfermées dans vn Monastere, est vne belle harmonie qui n'est point assez entenduë de ceux du Monde, à qui il faut rendre la vertu plus palpable, pour leur donner l'enuie de la suiure ; ce qui se prattique lors qu'elle prend comme vn corps tout nouueau par les actions de ceux qui l'exercét dans la vie du siecle. Souuenez vous que Dieu ne s'est pas contenté de faire voir son Verbe aux Anges dés le commencement des siecles, d'vne façon toute spirituelle, mais sur la fin des temps il la monstré en chair humaine pour l'vsage des Hommes, & pour le salut du monde vniuersel. Aussi ne suffit il pas qu'il y ait seulement aux religions des saintes Ames qui viuent en esprit: Mais il en faut necessairement qui soient meslées dans la conuersation ciuile, pour rendre la deuotion plus sensible. Que deuiendroit le monde sinon vn chaos & vn enfer: sans la vigueur des bõs exemples? & que feroit la police & la loy si elle n'estoit animée par ce principe? On gangne tousiours quelque chose par ce moyen, on fait le bien par l'assiduité qu'on a de le voir faire, & on se forme sur les objets que l'on a plus assiduellemét deuát les yeux. On dit que les Ours qui sont sous le pole à force de voir la neige deuiennent blancs, & les Ames mondaines se blanchissent par la pureté de la conuersation des filles qui viuent dignement cette vie neutre.

C'est celle qu'a menée Demetriade la plus haute fille de l'Empire en son âge, qui a eu l'honneur d'estre celebrée par les escrits de saint Hierosme & de S. Augustin. C'est le train qu'a tenuë Melania, la route que la Vierge Eustochium a imprimée si glorieusement de ses pas. Le Ciel n'a pas plus d'estoilles que l'Eglise primitiue a eu de Vierges, qui sans aucun besoin de cloistres faisoient des remparts plus forts que ceux de Semiramis à leur pudicité.

Nous voyons encore aujourd'huy des Princesses & des filles de haute condition cheminer par les mesmes sentiers auec vne fermeté d'esprit inuiolable. Nous apprenons qu'en plusieurs lieux celles qui ne peuuent pas auoir entrée aux Monasteres par faute de moyens, ou par autres raisons, se rangent en de petites communautez, où elles viuent dans le trauail, dans l'exercice des vertus, & dans vne perpetuelle Virginité.

J'auouë que l'estat de la Religion est le plus ordinaire, le plus excellent, & le plus asfuré. Mais ie maintiens que plusieurs filles qui n'y sont pas appelées, & n'y peuuent nullement entrer pour causes raisonnables, font tresbien de suiure la vie neutre, moyennant qu'elles se destachent parfaitement des vains entretiens du monde, qu'elles fassent profession ouuerte de la vertu, ferme, & inesbrálable, & qu'elles soient sous la direction de quelque Confesseur bien prudent, bien démeslé des interests, & zelé pour leur conduite.

Sainte Isabelle fonda sa vie & sa cõduitte sur quatre grandes vertus, la verité, l'humilité, la deuotion, & la charité. Ie n'entends pas vne verité commune qui consiste seulemét à ne point mentir, mais vne verité tres sublime, qui est vn alignement aiusté de nos iugemens, de nos mœurs & de nos paroles, aux conceptions, aux volontez & aux ordres de Dieu. Cette vertu est si noble que sa naissance est dans le Ciel, si generale qu'elle s'insinuë dans toutes les vertus non plus ny moins que la lumiere dans les couleurs, si necessaire que les Ames les plus abandonnées ne se peuuent passer de quelque estincelle de la verité, qui les esclaire jusques dans les horribles tenebres dont la mauuaise conscience les a toutes enueloppées.

Nostre grande Sainte se façonna dés son enfance à vne parfaite sincerité, ne pouuant rien souffrir de fardé, ny de déguisé, elle se garda toute sa vie de trois choses qui surprennent les esprits humains, & les entraisnent insensiblement dans la corruption, qui sont l'opinion, la mauuaise coustume, & l'affection desreglée.

Iamais elle ne se laissa corrompre aux opinions vulgaires qui saisissent le cœur deuant qu'il soit bien éueillé pour les cognoistre. Elle mesura tous ses sentimens aux plus pures lumieres de la nature, aux veritez Euangeliques, & à la doctrine de l'Eglise, sans se piquer de nouueautez, ny de curiositez extraordinaires. Elle eut perpetuellement en horreur l'accoustumance des mauuaises
choses

choses qui exerce vne tyrannie dans la vie humaine par l'authorité de ceux qui les pratiquent. Son cœur estoit si épuré de toutes inclinatiõs qui tiennent tant soit peu du sang & de la chair, que Iesus y regnoit absolument, & ne faisoit aucun choix de ce qui est à prendre ou à laisser, qui ne fut pour sa gloire.

Les sinceres qualitez de ses mœurs rejaillissoient sur ses paroles, qui estoiét tousiours si veritables, que iamais on n'y apperçeut la moindre duplicité. Elle detestoit la medisance cõme vne infection publique, elle haïssoit toute sorte de mensonge comme l'ennemy capital de la bonne conscience, & ne pouuoit nullement le souffrir. Elle s'est veuë quantité de fois meslée dans vn grand combat de la Charité & de la Verité, qui disputoient dans son cœur. L'inclination tresforte de la misericorde la poussoit à faire l'aumosne, mais depuis qu'elle recognoissoit de l'artifice & des menteries dans vn pauure, elle ne luy pouuoit rien donner. De sorte que lors qu'elle disposoit ses liberalitez, elle enuoyoit la sœur Agnes qui estoit pour lors sa domestique pour disposer tous les gueux à ne mẽtir point deuant elle, par la crainte qu'elle auoit que le menſonge de ces miſerables n'empeſchât leur bonheur, & ne luy rauit l'occaſion de faire du bien.

Son Humilité fut grandement parfaite, car elle entra au plus profond des abyſmes de ce vuide ſpirituel où les Docteurs myſtiques placent le throſne de cette Vertu. Elle n'eſtima pas qu'elle peût rien faire deuant Dieu, ſi elle ne s'eſtimoit vn rien. Les conſiderations de la haute extraction qu'elle tiroit de tant de Roys, les triomphes de ſon ayeul, les Victoires du Roy ſon pere, la ſainte Maieſté de ſon frere qui eſtoit pour lors la plus haute perſonne de l'vniuers en ſa condition, les grandes richeſſes de ſa maiſon, les honneurs qui venoiét fondre de toutes parts à ſes pieds, les graces & les beautez qui eſtoient nées auec elle ne luy ſembloient non plus que de petits Atomes, qui ſe perdoiét dans le rayon de ce grand iour dont Dieu auoit éclairé ſon Ame. Elle gardoit ſingulierement bien les quatre points principaux de cette ſainte humilité, qui conſiſtent à meſpriſer le mõde, ne meſpriſer perſonne, meſpriſer ſoy meſme, & enfin meſpriſer le meſpris.

Le monde eſtoit ſi petit

dans son estime que tout ce qui paroist grand aux autres iusques à l'infiny, deuenoit dans son cœur semblable à ces ouurages du fameux Myrmecide, qui faisoit couurir des vaisseaux equippez de toutes pieces sous l'aisle d'vne mouche. Toutes les plus hautes sciences, toutes les ambitions de la terre, toutes les dignitez mondaines, les palmes & les lauriers, les grandes alliances, les conquestes, les adorations, les loüanges & les applaudissemens n'estoient non plus considerez chez elle que des Vanitez & des songes. Tous les plus riches Palais, tous les plus precieux habits, toutes les plus superbes richesses, tout ce que la terre & la mer ont enfanté de pierreries & de joyaux, tout ce qu'elles pouroient garder encore à la curiosité des hommes à l'aduenir, n'estoit censé dans ses pésées qu'vn peu de Cendre.

Et quoy qu'elle mesprisât le monde en general, elle prisoit châque personne en particulier, y recognoissant l'image de Dieu, & traitoit auec circospection les moindres gens de la terre. On ne l'entendoit iamais parler imperieusement, mais les plus petits valets, & les plus chetiues seruantes experimen-

SAINTE ISABELLE. 163
toient en elle vne si grande douceur, & vne si gracieuse affabilité, que cela luy gaignoit le cœur de tout le monde.

Il n'y auoit que sa personne qu'elle traitoit fort rudement, & quoy qu'elle pardonnât à tout le monde, iamais elle ne se pardonnoit rien. Elle se persecutoit comme vne ennemie, desdaignât tout ce que le monde estimoit en elle, & ses Vertus mesmes auoient de la peine de se sauuer de cette persecution. Elle n'estoit point humble à la façon de celles qui refusent l'honneur auec vne émotion d'esprit, qui mon-
G iiij

stre qu'elles y songent, & qui fait quelquefois que les loüages chassées par la force, ne laissent pas de s'insinuer par la douceur.

Elle mesprisoit le monde & ses admirations auec vne majesté tranquille, comme ne l'estimant pas seulement digne de son mespris. Elle surprit vn iour ses femmes de chambre qui gardoient ses cheueux, lors qu'ils restoient attachez au peigne, pour en faire des reliques, & au lieu de se mettre en colere, elle n'en fit que rire, n'estimant pas qu'vn neant fut digne d'emouuoir son esprit.

Mais sur tout elle tesmoi-

SAINTE ISABELLE.
gna vn grád mespris du mespris mesme que les gens du monde faisoient sur sa conduitte, n'estimant pas qu'elle eut l'esprit bien fort d'auoir refusé le mariage d'vn Empereur, pour mener vne vie basse & obscure, parmy les Religieuses & les pauures. Elle sentoit des contentemens inexplicables de se voir mes-estimée, & ne pretendoit point autre reputation que la participation des opprobres de nostre Seigneur. S'il arriuoit que quelqu'vn parlât d'elle & de sa façon de viure indiscrettement, elle ne le regardoit point d'vn mauuais œil, mais elle benissoit

Dieu qui luy fournissoit vn instrument pour l'exercice de sa patience. Elle faisoit toutes les belles actions sans pretendre mesme la gloire de les auoir faites, mais se resjoüissoit infinimét lors qu'àpres auoir fait des œuures loüables, elle en receuoit du blasme, parce que il luy sembloit que par ce moyen elle entroit plus auant dans les communications de Iesus-Christ, qui auoit esté chargé de toutes les infamies, pour auoir procuré le salut des hommes.

Sa deuotion estoit vn objet où les plus parfaits pouuoient prédre exemple, puisqu'elle estoit dés cette vie mortelle si parfaitement vnie à Dieu, qu'elle sembloit desia estre entrée en possession de l'éternité. La sœur Agnes qui la suiuoit perpetuellement, & qui peut rendre à la posterité vn tesmoignage tres fidelle de ses actions, escrit qu'elle se leuoit ordinairement de nuit long temps deuant le iour pour dire ses matines, & qu'elle ne se recouchoit point, demeurāt en prieres continuelles & diuers exercices spirituels iusques au haut midy. Ses deuotions estoient beaucoup plus lōgues le Caresme qu'en autre temps, car apres auoir demeuré iusques à midy en oraison & contemplation, elle passoit de son Oratoire en sa Chambre, où elle s'entretenoit encore auec les liures deuots iusques à trois heures, qui estoit le temps de prendre sa refection.

Elle auoit vn grand don de larmes & sortoit ordinairement de son cabinet les yeux rouges & enflez ce qui faisoit paroistre à ceux qui la contemploient qu'elle auoit versé quantité de larmes aux pieds du Crucifix. Son auidité à ouïr la parole de Dieu estoit insatiable, tát elle prenoit de plaisir à entendre parler des choses Diuines, de sorte que les plus longs sermons luy sembloient tousiours les meilleurs. Sa conscience merueilleusement tendre la portoit à se côfesser tous les iours auec vne tres grande reuerence, & pour cét effet elle choisissoit vn Confesseur non seulement bien experimenté, mais aussi bien éueillé. Car elle auoit vn fort grand soin que ses pechez fussent bien entendus & si d'auanture elle s'apperceuoit que le Confesseur qu'elle auoit pris, fut suiet à sommeiller, elle entroit dans de grandes inquietudes, & n'auoit point de repos qu'elle n'eu repeté sa confession, pour estre pleinement ouïe. Outre cela elle tenoit tousiours vne Dame auec vne Damoiselle vn peu esloignées dans le lieu où elle se confessoit, en telle sorte qu'elle fut en veuë pour plus grande edification. Elle prenoit souuent la discipline, mais si rudement que ses robes mesmes en estoient teintes de sang. Les bons liures luy seruoient de longs entretiens, & les lisoit ordinairemét auec vn goust delicieux, & vne tres grande vtilité. La sainte Escriture luy plaisoit sur toutes choses, & la sage curiosité des saintes Paule, Marcelle, & Eustochium, qui auoient coustume de consulter S. Hierofme fur les paffages de la Bible, fe renouuelloit en cette gráde Princeffe, tant elle eſtoit foigneuſe de queſtioner les Docteurs en Theologie, qu'elle appelloit les Maiſtres de Diuinité, fur les difficultez qui fe prefentoient en fes lectures. Cét exercice luy fourniſſoit vne infinité de belles & faintes penſées dans fes oraiſons, outre qu'il aſſaiſonnoit tous fes difcours d'vne grace merueilleufe.

Son Amour enuers Dieu eſtoit tres-ardent, mais auſſi tres-actif, car ne fe contentant pas de l'aymer d'vne façon oyſiue, elle faiſoit reflechir ses charitez sur les pauures, auec vne profusion de bôtez & de misericordes qui ne tarissoient iamais. Apres qu'elle auoit passé toute la matinée dans ses deuotions, deuant son disner elle faisoit venir les pauures dont sa chãbre estoit toute bordée, & ne se contentant pas de leur faire l'aumosne, elle se mettoit à les seruir auec tant de grace, de soumission, & d'assiduité, que tous les assistãs en estoiét rauis; Apres le disner elle visitoit les malades, & les personnes affligées pour les consoler, & ce qui luy restoit de temps elle l'employoit à trauailler à l'esguille, tantost

pour

pour l'ornement des Autels, tantost aussi pour les personnes necessiteuses qui auoient besoin de linges & d'habits.

Le Roy S. Louys son frere la visitant vn iour, luy demanda vn couure-chef qu'elle auoit filé de ses propres mains: Mais elle luy respondit qu'il estoit destiné à vn plus grand Seigneur que luy, & ce iour la mesme elle l'enuoya à vne pauure femme malade qu'elle visitoit souuent. Mais certaines Damoiselles ayás decouuert l'affaire, le rachepterent à prix d'argent, & il tomba enfin entre les mains des Religieuses de saint Antoine qui le gardent

H

comme vn monument d'vne pieté vrayement Royale.

Les aumofnes qu'elle faifoit tous les iours, fi largement, à toute forte de neceffitez, ne fe peuuent compter, & n'y a que le regiftre du Ciel qui en conferue le nombre. Son foin s'eftendoit iufques au Leuant où elle entretenoit ordinairement dix Caualiers, pour contribuer aux troupes qui fe leuoient contre les infidelles, à deffein de repouffer leurs attaques, & maintenir les Chreftiens en toute feureté.

Sa vie tres-innocente ne fut pas exempte des preuues de la tribulation, que Dieu prepare infailliblemét à toutes les Ames genereuses, qui font estat de le seruir d'vne façon plus particuliere. Elle fut affligée de longues & facheuses maladies, mais au comble de tous les maux, elle monstra tousiours vne constance si vigoureuse, que son esprit victorieux ne cessa de s'esleuer par dessus les ruines du Corps.

Son plus grand tourment vint enfin, des mauuais succez des armées chrestiennes au Leuant, de la persecution des fidelles, & de la captiuité de son tres-aymable frere le Roy S. Louys. C'est la Verité que c'est vne rude touche aux

Ames les plus iustes, de voir que des desseins si saintemét projettez pour la gloire de Dieu, si purement traittez, si courageusement poursuiuis, apres tout, manquent de bon-heur, qui sembloit ne deuoir estre fait que pour auancer leur gloire. C'est ce qui a troublé quelque fois l'esprit des plus grands Prophetes, lors qu'ils ont lasché contre Dieu des plaintes qui tenoient fort des reproches d'vn Amour blessé, & ne pouuoiét dissimuler leur sentiment sur les éuenemens du monde, qui auoient si peu de correspondance à la sincerité de leur intentions.

Mais certainement nous auons en cecy vn peu trop de delicatesse, & mesme d'iniustice, en ce que nous traittons Dieu, comme s'il auoit fait vne trásaction auec nous en vertu de nostre Christianisme, de ne faire plus souffler les vents que pour nos vsages, de rasserener le Ciel, de calmer la mer, de donner la force, la santé, les biens temporels, le gain, le proffit, les victoires, & les conquestes selon les inclinations de nos volontez.

„ O ignorans que nous som-
„ mes de ce grand secret de la
„ Croix, qui a commencé de-
„ puis Abel iusques à Iesus, &

„ qui depuis Iesus s'insinuë
„ dans la masse de tous les fi-
„ delles, & sur tout des plus
„ genereux personnages, qui
„ contribuent d'auantage au
„ Sacrifice de la tribulation
„ que nostre Seigneur a insti-
„ tué sur le Caluaire, pour le
„ finir au Thabor dans vne
„ pleine vision de gloire. Si
„ S. Louys eust esté rempli
„ de prosperitez en ses armes
„ & en sa maison, il eust pas-
„ sé comme tant d'autres Ce-
„ sars, auec le bruit d'vne
„ gloire purement humaine,
„ qui se fut enfin perduë dans
„ la caducité de toutes les
„ choses mortelles. Mais
„ pour auoir esté fidelle à

„ Dieu dans les plus cuifan-
„ tes afflictions, il eft monté
„ iufques au Ciel des Cieux,
„ placé dans le rang des plus
„ grands faints, il a fait vn
„ theatre de fon inuincible
„ conftance, vne memoire
„ eternelle de fon nom, vne
„ veneration de fes vertus,
„ qui attirent encore des be-
„ nedictions perpetuelles fur
„ fa pofterité, laquelle tient
„ le fceptre le plus confide-
„ rable de la Chreftienté. Enfin quand le temps nous a fait entierement leuer le voile, & que nous fommes entrez dans le fanctuaire de cefte admirable Prouidence, nous fommes forcez d'auoüer ce

H iiij

qu'à dit l'Apostre, Que tout profite aux gens de bien, & que tout ce qui sembloit le plus desauantageux à serui presque insensiblemét à leur bonheur.

La sainte se consoloit sur ces considerations, & digeroit toutes les amertumes de la vie, auec vn cœur genereux, tousiours rempli d'vne parfaite cõfiance, qui s'estoit enracinée dans son Ame dés ses plus tendres années. Mais il arriue des temps, où il semble que Dieu nous fait entrer dans la fournaise, & nous y tient tant qu'il le iuge conuenable pour nostre bien ; redoublant trauerse sur trauerfe, & mal fur mal, pour acheuer toutes les polliſſeures requiſes à la purification de noſtre vie. Auſſi ſainte Iſabelle reſſentit vn ſecond coup qui fut fort douloureux à la nature, en la perte de la Reine ſa mere. Cette treshaute Princeſſe qui ſembloit n'eſtre née que pour le bien de la Chreſtienté, ſe conſommoit perpetuellemẽt de ſoucys, & de trauaux dans le maniement des affaires publiques, & fit des efforts extraordinaires pour la deliurance du Roy, roidiſſant la vigueur de ſon courage contre la violence du mal. Elle entra pour lors dans le fond de la tribulation, où la douleur qu'elle auoit conceuë des desastres de l'Eglise, de la captiuité de son tres cher fils, les diligences infatigables qu'elle auoit apportées pour amasser & faire tenir les finances necessaires à ouurir les prisons des Sarrazins, l'indicible regret qu'elle portoit au cœur de voir que ses actions estoient sinistremét interpretées par des iugemens barbares, minerent le reste de ses forces, & l'enleuerent du monde.

Iamais l'Espagne ne porta rien de plus rare en son sexe, elle auoit le iugement fort épuré, & le cœur magnanime, sa deuotion ne portoit rien de feminin, ny sa grandeur de farouche. La France vid en elle vne ieune Reine mere, qui prit en main le gouuernail d'vn grād Royaume, & se démesla si adroittement de tant d'affaires épineuses qui assiegerent sa viduité, qu'elle tira l'approbation des plus sensés sur sa conduite, & l'admiration de tout le monde; elle employa la force cōtre les puissans, l'adresse contre les fins, la vigilance contre les plus actifs, & le bonheur la seruit en toutes ses entreprises.

Elle ne regardoit point les interests de sa grandeur, elle ne songeoit point desordonnément aux moyens de sa subsistance, elle vouloit que Dieu fut serui sur toutes choses, & eut plutost choisi de voir ses enfans morts dans l'innocence, que de les contépler sur les premiers throsnes du monde dans l'iniquité. C'est ce qui faisoit que le Ciel versoit des benedictions à pleines mains, sur sa maison, sur son Royaume, & sur toutes ses affaires, & s'il y mesloit des aduersitez, ce n'estoit que pour donner de la nourriture à sa constance.

Sa conduite à fait voir visiblement en tous les siecles suiuans, que le gouuernemét des maisons, & les ieunes orphelins sont tres-heureusement, entre les mains des meres; lors qu'elles sont grandement vertueuses, & zelées pour la gloire de Dieu. C'est vne loy de nature qui se remarque dãs tous les animaux, que le sexe feminin est plus aspre & plus ardent à la defense de ses petits que le nostre. Les honnestes femmes s'interessent beaucoup d'auantage à l'éducation de leur enfans, que les autres parents; leur vie, leur gloire, leur Couronnes sont enfermées dans ces chers gages que les maris leur ont laissez, elles fõt tout pour le bien, & pour la conseruation de ceux qu'elles ont engendrez. Il n'y a moment que leur cœur ne refpire pour eux, elles feroient pluftoft fans penfées que d'eftre fans penfer à leur auancement. Dieu qui eft le pere des vefues & des pupilles, leur fufcite de bons Confeils, & leur donne les forces neceffaires pour fuppléer aux manquements de leur fexe. Il femble mefme qu'il y a quelque intelligence d'en haut qui veille plus particulierement à leur protection, & qui attache le bonheur à leur gouuernement.

Ie dis volontiers cecy, pour ietter la confufion fur le vifage à ceux qui ont efcrit qu'il ne pouuoit naiftre vn haut

Prince, ny vn homme d'eſtat bien releué, & moins encore vne grande Princeſſe dans le Chriſtianiſme, parce que à leur dire les maximes de la conſcience y eſteignent la vigueur de l'eſprit, & y é‑mouſſent le courage, nom‑mément en la perſonne des femmes qui ont les deuotiõs plus tendres. Et toutesfois nous ſommes eſtonnez quãd nous conſiderõs dans les hy‑ſtoires anciennes les depor‑temens des Herodes, des Ti‑beres, des Iuliens, des Maxen‑ces, des Diocletiés, & de tous ces grands hommes d'eſtat du Paganiſme, de ces politi‑ques *Hault-tonants*, qui ſe vantoient d'auoir renfermé dans leur teste la capacité de tous les siecles. Il n'y a rien de si bruyant, ny de si pompeux que leurs paroles, & que leurs actions, il n'y a rien de si miserable que les effets qui en sont produits.

Apres auoir desbordé sur le genre humain, ainsi que des riuieres malignes, ou des montagnes ardentes, ils ne laissent rien apres eux que des dégasts, & des ruynes, sans mesurer mesme autrement la grandeur de leur esprit, que par la multitude des desastres. Les felicitez qu'ils promettét aux empires sont les chasteaux des Lamies ainsi
que

que parle Tertulien qui estoient beaux en apparence au dehors, mais au dedás tous remplis de phantosmes. Ce sont les belles œuures de Simon le Magicien que les Samaritains appelloient la grãde vertu de Dieu, lequel promettoit des merueilles, & se contentoit de faire parler des chiens, siffler des Serpents, couler du sang, & tomber des flãmes. Ceux qui loüent & admirent incessamment ces gens la, au mespris des vertus, & des conduites Chrestiennes, sont estrangers au testamẽt de Dieu, perclus de sens & peruertis de mœurs, & il y a danger que se rendant trop admirateurs de leur fausse gloire, il ne se rendét compagnons de leur veritables supplices.

Les Reines qui gouuernent les Royaumes auec la crainte de Dieu, & la sincerité des bonnes intétions sont beaucoup plus ingenieuses que tous ces suffisans qui ne sont iamais puissans qu'à faire du mal. Celle dont nous parlôs à conduit enfin le Roy saint Louys & toute sa monarchie à bon port: ce qui fit que l'Eglise la regretta cóme sa protectrice, la Noblesse comme son ornemét, le peuple comme son appuy, & tous les pauures comme leur mere-

SAINTE ISABELLE. 131
nourrice. Elle voulut mourir couchée à terre sur vne pauure paillasse, où elle receut les Sacremens de l'Eglise auec vne deuotion qui fit fondre en larmes tous les assistans : mais aussi-tost qu'elle eut expiré, ses bons sujets prirent son Corps, le reuestirent de ses habits de parade, la couronne sur la teste, le sceptre en main, & la porterent à bras dans vne chaire d'or, depuis Paris iusques à Maubuisson où elle fut enterrée, auec des applaudissemés rendus à sa memoire, & des honneurs qui n'auoient pas esté deferées à toutes les Reines de France qui l'auoient precedée.

I ij

Elle vit encore dans le souuenir & dans la bouche de tous les gens de bien qui la regardẽt comme l'original des vertus de nos Roys, & la regle des vertus sortables aux Princesses que Dieu choisit pour gouuerner vn Estat.

La playe qui entama le cœur de nostre sainte Isabelle par ce trespas fut grandement adoucie par le retour de saint Louys, qui sortit enfin de la prison des Sarrazins, & se fit voir à la France comme vn soleil déueloppé de l'obscurité de son éclipse. La bonne sœur le receut ainsi qu'vn Messager du Ciel auec des épanoüissemens de joye qui ne se peuuent assez exprimer: Les iours & les nuits se passoient à raconter les éuenemens de ce grand & penible voyage, & les faueurs amoureuses de la Prouidence Diuine qui auoit tousiours veillé sur sa protection. Mais quãd tous deux venoient à parler de leur Mere, ils fondoient en larmes, ayant des tendresses pour sa personne qui surpassoient toutes les douceurs des plus grandes amitiez.

 La sainte se voyant priuée de ce cher obiet, resolut de se retirer totalemẽt du Monde, & delibera si elle deuoit faire bastir vn hospital, ou vn Monastere de Religieuses pour y passer le reste de ses iours. Le Docteur Emery Chancelier de l'Vniuersité de Paris, qu'elle consulta sur cét affaire, luy conseilla de faire vn Conuent de Filles, ce qui estoit pour lors bien aduisé, dans le petit nombre des mandians, & dans la facilité d'auoir les necessitez de la vie. Mais il arriue des temps ausquels les calamités inondent sur la terre, & mesme tant de mauuais riches, qui par leurs vsures, & par leurs concussions, ont fait des pauures par milliers, venant à mourir auec des richesses prodigieuses, ne fondent pas vn seul petit Hospital pour les loger, ce

SAINTE ISABELLE. 135
qui fait raisonnablement pancher les plus prudentes charites plustost du costé des Hospitaux, que de tant d'autres œuures pieuses.

Nostre Princesse suiuit le conseil du Docteur qui estoit son Pere spirituel, & se proposa de fonder vne Maison de Filles de l'Ordre de Saint François, ce qu'elle n'auoit garde d'executer sans en communiquer auec le Roy son Frere. Elle prit le temps qu'il estoit le plus à repos dans son cabinet, & l'alla trouuer, se iettant à ses pieds, comme elle auoit de coustume, mais luy qui ne pouuoit souffrir cette ceremonie, la releua promptement, & la fit asseoir auprès de luy, lors qu'elle luy dit,

Monseigneur & mon Frere, Si vostre Majesté me permet de parler en sa presence, ie luy declareray les plus secrets sentimés de mon cœur, pour ouyr là dessus ses volontez, & me cõformer à ses ordres. Depuis qu'il a pleu à Dieu retirer le Roy nostre Pere auprès de luy, Ie vous ay tousiours consideré comme le principal appuy de ma conduite, & quoy que la Reine nostre commune Mere m'ait si tendrement nourrie & éleuée, & qu'il vous eut esté loisible de vous décharger sur elle de tous les soins de voſtre pauure Sœur, l'excez de vos bontez n'a pû s'abſtenir de contribuer à ſon bon-heur tout le poſſible. La Majeſté Royale vous a donné ſur moy le nom de Pere en cét âge, auquel la nature vous comptoit encores entre les enfans, & vous m'en auez rendu tous les effets que l'on pouuoit attendre d'vn ſi grand Cœur que le voſtre. D'vne part ie m'en ſens tres-obligée à voſtre charité, & de l'autre i'ay vn regret de voir mes bonnes volontez ſi deſtituées de pouuoir dans le deſir que i'ay de vous rendre ſeruice.

Voſtre Majeſté n'ignore

pas que le respect de nostre tres-honorée Mere m'a retenue iusques icy à la Cour, ne iugeant pas que ie la deusse raisonnablement priuer des consolations que la caducité de son âge attendoit de mon deuoir.

Maintenant qu'elle est passée en l'autre vie, il me semble que ie ne suis plus qu'vne ombre errante sans corps, & & si i'estois assez bonne & assez meure pour le Ciel, le comble de mes desirs seroit de la suiure à la mort, comme ie l'ay tousiours accompagnée à la vie.

Ie ne tiens plus au monde, ny à la Cour, & ny à rien de

toutes les choses humaines, qui soit capable de contenter mon cœur. Ce n'est pas que ie n'experimente tous les iours par les faueurs de vostre Majesté, & par la bonté de la Reine, des douceurs qui surpassent tous mes merites: mais il me fasche de vous estre tousiours à charge, & de ne viure plus au monde que pour lasser vos soins, si toutefois ils en estoient capables.

C'est pourquoy ie me sens portée d'vn tres-grand desir de faire vne entiere retraite du monde, & apres auoir consulté l'affaire auec mon Confesseur, ie suis conseillée sous le bon plaisir de vostre Majesté, de fonder vn Monastere de Religieuses de S. François, pour y seruir Dieu dans tout le cours des années qui me restent.

I'apperçois bien que vos coffres sont vn peu épuisez de finances par tant de guerres, & par vostre rançon, mais d'autre part ie suis bien asseurée que la source de vos liberalitez ne peut tarir en mon endroict dans vne si sainte entreprise C'est ce qui me fait vous conjurer de m'en donner les moyens, vous promettant en recompense d'employer toute ma vie mes plus ardentes prieres pour vostre prosperité, & celle de vostre Estat.

Saint Louys luy repartit que son discours faisoit balãcer son cœur entre l'amour d'vn frere, & le zele d'vn Chrestien, qu'il estoit bien vray qu'il l'auoit de tout temps aymée fort tendrement pour son sang & pour ses rares qualitez, qu'il n'auoit rien fait pour elle qui ne fut au dessous de son merite, & qu'il s'estimoit tres-heureux de la posseder à la Cour : Mais que si Dieu l'appelloit à la Religion, qu'il n'auoit garde de s'opposer aux ordres du Ciel ; tant s'en faut, qu'il y contriburoit de tout son possible; qu'elle pouuoit hardimét prendre dans ses thresors tout ce qu'elle iugeroit necessaire. Qu'il vouloit estre l'autheur & le conducteur du dessein qu'elle auoit choisy esperát par ce moyen d'auoir vne Maison Religieuse, qui seroit le refuge de ses afflictions, & les delices de sa vie.

Elle remercia le Roy son Frere tres-humblement, & apres auoir recommandé son affaire à Dieu par vne infinité de deuotions tres-ardentes, elle mit la main à l'œuure. Son premier soin fut de choisir six personnages tres-celebres pour examiner & reduire en abbregé la regle de Sainte Claire, qu'elle vouloit donner à ses Religieuses. De ce nombre furent Eude Rigault, depuis Archeuesque de Roüen, F. Guillaume Millenconne, F. Ode de Rony, F. Geoffroy de Marsois, F. Guillaume d'Archambout. Ces six grands Theologiens vaquerent à former cét Institut, aussi diligemment que s'il eut esté question de fonder vne grande Monarchie. La Sainte les pressoit instamment là dessus, & n'en dormoit ny nuit, ny iour, de sorte que l'effort extraordinaire d'esprit qu'elle y contribua, luy fit gaigner vne grande maladie, qui fut au poinct d'enfeuelir tous ses desseins auec elle.

Les six Peres n'eurent pas pluftost dressé le formulaire de ceste Regle qu'elle escriuit au Pape Alexandre quatriesme, pour en auoir la confirmation, qui luy fut accordée fort liberalement, selon toutes ses pretentions. Mais dans peu de temps ces nouuelles constitutions parurent si austeres en la pratique, qu'elles sembloient plustost estre faites pour accabler, que pour esleuer la nature. Ce qui fut cause que S. Louys ayant pitié de ces paures Religieuses, fit reuoir la Regle

Regle par Vrbain 4. qui en donna la charge à Simon Cardinal de Ste. Cecile, homme prudét pour faire vn temperament dans ces rigueurs, & vne façon de viure plus raisonnable, laquelle fut authorisée par le mesme Pape, doüé d'vne sainteté & d'vne sagesse fort éminente. Il iugea que ces six premiers Directeurs auoient tranché trop auant, & tendoient plustost à l'abolition, qu'à la mortification de la chair. Qu'il n'y auoit point au mode d'obligation qui ne fut bien grande quand elle estoit perpetuelle, qu'vne regle Religieuse faite auec moderation, & gardée auec constance, valoit bien mieux qu'vne autre plus rigoureuse, qui lassoit tout le monde, & n'edifioit personne.

Enfin nostre Isabelle choisit pour le seiour de ses Filles la solitude de *Long-champs*, à deux petites lieuës de Paris: & au mesme lieu où les Dryades auoient esté adorées par la superstition de l'antiquité, elle plaça des Ames celestes, qui remplirent tout le païs de benediction.

Saint Louys accompagné de la Reine sa Femme, & de son Dauphin, auec vne grande suitte de Seigneurs & Dames, & d'vn peuple innombrable, y fit planter la Croix par l'Euesque Diocesain, & y mit la premiere pierre. Le bastiment moyennant trente mille liures tenuës pour vne grosse somme en ce téps la, s'auança si visiblement, que les Religieuses y trouuerent bien-tost vne demeure accomplie. Et faut noter que le iour qu'on commença cét ouurage, trois Colombes d'vne blácheur toute rayonnante, parurent sur la teste des assistans, & demeurerent long temps en l'air, comme si elles eussent voulu estre de la partie : Ce qui fit que la Reine prenant Sainte Isabelle par la main, luy dit, Cou-

K ij

rage (ma Sœur) la Trinité se mesle de nostre affaire.

Aussi fut elle acheminée à vn tres-heureux succez l'an 1260. la Veille de Saint Iean Baptiste, qui fut le iour auquel Saint Louys reuint derechef auec vne grande pompe, & instala les premieres Religieuses dans le Monastere sous la directiō de la Sœur Isabelle de Venice.

La Sainte Fondatrice ne voulut iamais que son Abbaye portât autre nom que celuy de *L'humilité de Nostre Dame*. Et comme la Sœur Agnes nostre historienne, luy en demanda la raison, elle luy dit qu'il n'y en auoit point de plus beau, ny de plus sortable à l'honneur de la Vierge, & qu'elle s'estonnoit que parmy tant de Religions, il n'y en auoit pas vne qui fut honorée de ce tiltre.

Elle entra dans des joyes glorifiées & extatiques, voyant que son dessein estoit si diuinement accomply, & ne se pouuoit saouler d'en rendre à Dieu tous les iours de nouueaux remercimens. Saint Louys prenoit vne grande part à ces allegresses toutes celestes, & selon la permission que le Pape luy en auoit donnée, & qui estoit mesme inserée dans la regle, il entra dans le Monastere auec vn petit nombre de personnes triées, & s'estant assis au Chapitre sur vn banc au milieu de toutes les Religieuses, il leur fit vne longue & excellente exhortation sur la perfection de la vie spirituelle, de quoy la Sœur Isabelle de Venice le remercia tres humblement, l'appellant, *Nostre tres Reuerend & S. Pere Monseigneur le Roy*, & luy promettant que ses diuines paroles demeureroient grauées au cœur de toutes les Religieuses, pour y produire les fruits qu'elle esperoit auec la grace de Dieu.

I'eusse bien desiré trouuer dans les Archiues de Long-champs, les mesmes paroles que Saint Louys prononça dans ce Sermon, mais cela n'estant pas possible, ie me suis contenté de suiure le suiet, & de recueillir en diuers lieux les sentimens que ce deuot Prince auoit de la Religion, pour en faire vne tissure en ce discours.

Mes tres-cheres Sœurs,

C'est auiourd'huy que ie gouste l'vn des plus sensibles plaisirs de ma vie, puisque Dieu s'est voulu seruir de moy pour vous introduire en cette sainte Maison, dans laquelle vous auez resolu de vous consacrer à ses Autels.

Depuis que le Saint Esprit eut touché nostre tres-aimée Sœur Madame Isabelle de France, & luy eut inspiré la pensée de bastir vn Monastere sous le tiltre de l'humilité de la tres-sacrée Vierge, son cœur ne s'est iamais relasché en la poursuite de ce pieux dessein. Et ie puis dire que le mien qui fait gloire d'auoir toutes les condescendances possibles pour vne personne si chere, n'a point trouué de repos, qu'en la perfection de ses entreprises.

Maintenant que ie vous considere icy toutes assemblées, & que ie lis sur vos visages, les desirs enflammés de vos cœurs, qui ne respirent rien que la gloire de vostre celeste espoux, ie vous esti-

me tres-heureuses, & ie pense participer legitimement à vostre bon-heur, puisque ie sers d'vn petit instrument aux intentions que Dieu a sur vostre conduite.

Mes tres-cheres Sœurs, ce n'est pas de moy qu'il faut attendre des exhortations, qui ay besoin d'estre exhorté, comme le plus petit des seruiteurs de nostre Seigneur, & ce n'est pas à vous qu'il faut addresser de longs discours pour échauffer vostre zele que ie sçais estre tres-ardent.

Mais toutefois permettez moy de vous dire, que voicy le iour tant de fois desiré, & si passionnement recherché, auquel vous deuez estre presentées à Dieu, comme autant de victimes pour honorer ses Autels, & sanctifier cette Maison.

Escoutez le saint Cantique qui vous dit, Sortez Filles de Sion, & voyez le Roy Salomon paré du Diadesme, dont sa mere l'a couroné. Sortez Ames éleuës, sortez de la captiuité d'Egypte, pour contempler vostre espoux, non pas sur les roses, mais parmy les espines d'vne Couronne douloureuse que la Synagogue son impitoyable mere luy a preparé.

Mes tres-cheres Sœurs, i'ay autrefois appris de nos Maistres de Diuinité, que les mondains faisoient trois sorties, l'vne de la verité à l'erreur, l'autre de l'eternité au temps, & la troisiesme de la vertu au vice. Le premier pas qu'ils font à leur malheur, c'est de mescognoistre Dieu, la souueraine cause de leur felicité, & de quitter les vrayes maximes du salut pour suiure leurs opinions : de là ils s'attachent à la fresle beauté des biens temporels, méprisant la fermeté du bonheur eternel, d'où il arriue qu'ils sont enfin corrompus par de grands desordres qui effacent en leur ame tous les characteres de l'honnesteté.

 Mais les bonnes Ames qui se consacrent à Dieu en la sainte Religion, font trois autres sorties bien differentes, elles sortent de la chair pour aller à l'esprit, de la nature pour monter à la grace, de la terre pour se transporter au

Ciel. Le premier deuoir qu'il vous faut rendre à Dieu en cette sacrée Maison, c'est de faire vn diuorse perpetuel d'auec la chair & la sensualité, vous souuenant de ce que dit l'Apostre, que nous ne deuons rien à la chair & au sang pour viure selõ ses loix, qui portent auec elles les arrests de mort, mais que nous sommes obligez de donner vie à toutes nos actiõs par l'esprit & la grace de Iesus, qui nous est donnée par le merite de son sãg. Ce n'est pas assez pour vne Religieuse de retrãcher par la mortification les offences de Dieu, mais elle doit monter par dessus la nature, se despoüillant mesme de certaines petites affections naturelles, qui sont supportables aux gens du monde, pour entrer en vn autre ordre de grace & de conduite diuine, où toutes les intentions, toutes les paroles, & toutes les actions se forment sur les plus pures idées de la vie de Iesus. C'est par cette voye là que l'on s'eleue iusques au Ciel en l'oraison, quoy que l'on demeure encore en la prison de ce corps, & que l'on conuerse auec les Anges, & les Esprits bien-heureux, qui sont totalement démeslez de la matiere.

Mes bonnes Sœurs, puisque Dieu vous a fait cette grace de sortir du monde, ne retenez rien des mondanitez de la vie du siecle. Ne ressemblez point à Rachel, laquelle en quittant le païs des Idolatres pour aller en la terre sainte, cachoit dessous la paille les faux Dieux de son pere Laban. C'est porter les Idoles en la Religion, que d'aymer encore les vains entretiens du monde, que de se plaire aux discours inutiles, que d'entretenir des affections trop naturelles, que d'auoir le cœur à certaines petites bagatelles, que de vouloir viure à discretion, & se conduire selon toutes ses inclinations. Souuenez-vous mes Sœurs, que plusieurs des Israelites qui auoient cassé les chaisnes de fer de l'Egypte, furent pris dans les filets des femmes Madianites. Il peut arriuer qu'apres auoir secoüé le joug du

SAINTE ISABELLE. 159
siecle, on se prend d'affection à des choses legeres, qui ne laissent pas de faire des imperfections bien pesantes. Ne sortons point du monde pour l'emporter sur nos espaules auec nous iusques dans la Religion, qui n'est point son element.

Ie sçais mes Sœurs, la ferueur & la pureté de vostre esprit, qui est tres-éloigné de toutes les imperfections, mais ie puis dire aussi qu'il faut veiller perpetuellement sur soy-mesme, pour ne leur donner iamais d'entrée dans le temple de paix, que vous auez auiourd'huy choisi.

La prudence de nostre tres-chere Sœur Madame Isabelle de France, a si bien pourueu à la tranquillité de voſtre vie, & au bon ordre du Monaſtere, qu'ayāt pris la reſolution de demeurer auec vous, elle a fait baſtir vn corps de logis bien ſeparé du voſtre, depeur que les viſites de ſes proches qu'elle doit encore receuoir par bien-ſeance, n'apportent aucun empeſchement à l'eſtroite regularité que vous profeſſeZ.

Le choix qu'elle a fait de voſtre Ordre par deſſus tous les autres, ne vous doit pas hauſſer le cœur, mais vous faire reſſouuenir que vous eſtes les Filles de S. François, le vray patron des humbles, & que l'humilité qui eſt eſcrite ſur voſtre porte, doit eſtre beaucoup plus auantageuſement grauée dans voſtre cœur. Les Religieuſes

SAINTE ISABELLE. 161
gieuses qui affectent d'estre dans vne haute consideration du monde, sont de petite estime deuant Dieu. Ce n'est pas la faueur des Grands qui vous fera grandes Religieuses, mais la perfection de vostre espoux, & l'estroite obseruance de vos regles.

Vous estes auiourd'huy entrées icy pour vaquer à Dieu, que vous ne deuez iamais perdre de veuë, n'ignorant pas que la Religion est vn pelerinage hors du monde, & vne presence continuelle deuant son Createur.

L'homme qui est vne petite image de la Trinité, comme il fait vn ternaire en son Ame qui consiste aux facultez de l'entendement de la volonté, & de la

L

memoire, auſſi en doit il faire vn autre dans ſes occupations interieures, qui ſont la paix, la verité & l'amour diuin.

Voila mes tres-cheres Sœurs, á quoy doiuent tendre tous les exercices de voſtre ame. Premieremẽt, d'auoir la paix auec Dieu par la pureté de conſcience, auec le prochain par la douceur de la conuerſation, auec vous meſmes par la tranquillité de voſtre cœur epuré de toutes les choſes de la terre. Cette paix de cœur eſt comme vn miroir qui reçoit auantageuſement le rayon de la verité, qui eſt proprement vne conformité que chaque choſe doit auoir auec la regle dont elle eſt formée, qui eſt l'idée de Dieu.

Ce qui a fait dire à vn de nos Docteurs, que cette verité n'estoit autre chose qu'vn allignement de la vie de l'homme à la vie de Dieu. De là se fait en l'ame vn deluge d'amour mysterieux & adorable, qui noye toutes les pensées sensuelles, qui engloutit toutes les affections de la terre, qui va iusques à la partie superieure de l'ame, où il couure tout ce qu'il y a d'eminent dans les sciences, de releué dans les vertus, de grand dans les pensées, & qui fait que l'esprit s'oublie de soy-mesme, & ne voit plus que Dieu.

O mes tres-cheres Sœurs, ie dis ce que vous experimentez, & ie serois plus eloquent si vos sentimens estoient sur mes leures, mais excusez vne ame qui a bien souhaité, & qui souhaite encore tous les iours le repos que vous possedez, sans en pouuoir iouyr, estant attachée plus par necessité que par complaisance à vn grand fardeau que vous me rendrez desormais plus doux par vos saintes prieres. Vous serez mes aduocates deuant Dieu, pour moy, & pour tout mon Royaume, & Dieu sera vostre honneur, vostre joye, vostre possession : Il sera vostre consolation dans les ennuys, vostre conseil dans les difficultez, vostre deffence contre les attaques, vostre abondance dans la pauureté, vostre pain dans le ieusne, vostre medecine dans la maladie, & vostre patience dans la tribulation. Comme vous auez tout quitté pour luy, vous trouuerez tout en luy, puisque c'est l'estre souuerain qui remplit tout de benediction, de vie, & de felicité, à qui seul est deuë la gloire, l'honneur, & la loüange par tous les siecles des siecles.

Quel spectacle plus doux que de voir ce Saint Monarque parler de Dieu, non auec des paroles sophistiquées, mais auec vne Majesté plus qu'humaine, vne abondance de cœur, des termes énergiques, & des attraits si rauissans, qu'ils estoient capables d'amolir les cœurs les plus endurcis.

L iij

Sainte Isabelle qui demeuroit au Monastere tousiours enfermée auec ses Religieuses, quand il la vouloit honorer de ses visites, le receuoit comme vn Ange du Ciel, & toutes les Filles demeuroient enchaisnées aux paroles qui sortoient de sa bouche : C'estoient des discours, des entretiens, & des delices qui ne cedoient qu'à celles du Paradis, & qui nourrissoient les esprits des plus pures satisfactions de la vie.

Quelqu'vn peut-estre s'estonera que la Sainte, apres tout ce grãd appareil, ne fit point profession de la vie Monastique, mais demeura dans l'enclos de Long-champs dans vn corps de logis à part, & en habit feculier, viuant comme ces animaux qu'on appelle Amphibies, qui ne fe determinent ny à la terre, ny à la mer, mais menent vne vie mitoyenne entre les deux.

A cela il eſt aiſé de reſpõdre qu'elle ſuiuit vn tres-ſage conſeil, qui luy remonſtra, que ſes infirmitez continuelles ne pouuoiét s'ajuſter auec les rigueurs d'vne regle aſſez auſtere, que celles là meſmes qui eſtoient en pleine ſanté ne ſouffroient qu'auec vn effort de courage & de vertu. Qu'elle n'ignoroit pas que la perfection de la vie humaine consistoit essentiellement en l'amour de Dieu & du prochain, & qu'elle estoit seulement en l'estat monastique d'vne façon seconde & instrumentelle, comme parle la Theologie, puisque les vœux de la Religion estoient des instrumens tres-propres pour arriuer à cette vnion de l'ame auec Dieu : que celuy qui aymoit le plus tendrement, seroit trouué le plus parfait deuant Dieu, & quoy que l'estat Religieux soit beaucoup plus excellent que le seculier, qu'il se pourra faire qu'vne personne demeurant dans le monde y seruira Dieu si puissamment qu'elle surpassera le merite d'vn Religieux mediocre en vertu. Que la possession des biens temporels n'est pas contraire à la perfection, mais qu'il suffit qu'on les employe pour l'honneur de Dieu, & que l'on soit tousiours prest de les quitter, en cas que ce fut sa plus grande gloire : qu'elle pouuoit ayder singulierement ses pauures filles, en retenant son domaine & son authorité, & que si elle s'en dépouilloit, il y auoit danger que son ouurage ne fut grandement negligé apres la mort du Roy par ceux là mesme qui luy promettroient toute assistance. Que le nouiciat estoit bon pour des jeunes gens qui n'auoient point encore contracté d'habitudes dans le monde, mais que son âge desia bien auancé, luy feroit experimenter des difficultez qu'elle ne pouuoit pas alors imaginer : qu'elle n'éuiteroit iamais la superiorité que son humilité luy faisoit redouter, & qu'elle ne se pouroit échaper des fréquétes visites de ses Parens, qui ne seroient pas si bien prisés quand elle seroit entrée dans la Religion : qu'elle auroit en l'estat seculier vne pleine liberté dans toutes ses deuotions, & dans l'exercice des charitez enuers les pauures, dont elle ne pouuoit se passer. Enfin, que l'exemple de ses vertus porteroit plus de coup dans l'estat d'vne Reine que dans celuy d'vne Religieuse.

Tout cela fit qu'elle se resolut de demeurer dans son habit, auec l'approbation des plus sensés, qui attribuoient à sa prudence, ce que d'autres eussent pris pour manquement de courage. Il est clair que la profession religieuse, ainsi que i'ay dit au commencement, est le chemin le plus ordinaire & le plus asseuré pour ceux qui font diuorse auec le monde. Mais il y en a qui n'ayant pas les dispositions requises pour cét effect, le desirent d'autant plus passionnement qu'ils y sont moins propres. D'où il arriue qu'estant entrez en vn Conuent, ils y trouuent plus de suiet de se repentir, que d'enuie de se perfectionner. Comme au contraire il y a de sages Amphibies, qui sçauent faire vn temperament si parfait des deux estats, que sans participer à la corruption de l'vn, ils jouyssent des auantages & des douceurs de l'autre.

C'est ce que fit Sainte Isabelle, laquelle demeurant en sa condition, ne laissa pas de viure comme la Religieuse la plus austere du Conuent. Elle estoit vestuë du simple camelot, viuoit fort estroitement, ieusnoit sans cesse, se disciplinoit par excez, retenoit fort peu de train, & se seruoit elle mesme aux necessitez de la vie, ne permettant pas qu'vne autre y mit la main. Elle gardoit vn silence rigoureux, & estoit iour & nuit en oraison, seruoit les pauures à son ordinaire, s'humilioit iusques aux pieds de ses seruantes, à qui elle demandoit pardon à genoux deuant que d'aller communier.

Elle portoit toutes ses Religieuses dans son cœur, prenoit vn soin nompareil de leur Maison & de leur auancement spirituel, auquel elle cooperoit puissammét d'œuure & de parole. Ie prie mon Lecteur de ne m'asteindre point icy d'estendre en chapitres, ce que ie puis dire en peu de periodes.

Sa vie est vne piece fort vnie, où il n'y a pas de grandes diuersitez, mais tout ce qui est le plus approchant de Dieu y reluit dans vne constance inalterable de hautes & excellentes vertus. Elle a imité Dieu, qui fait tousiours vne mesme chose : elle a perseueré inalterablement dans le train des mesmes actions, ne relaschant non plus sa vigueur que les riuieres leurs courses eternelles. Elle passa prez de dix ans dans cét estat, raffinant de plus en plus son esprit dans vne vie purement intellectuelle, lors que sentant approcher les derniers periodes de sa vie, elle entra dans la nuée de gloire comme vn autre Moyse, & eut des entretiens si particuliers auec Dieu, qu'elle passa plusieurs nuits en oraison sans se coucher. De quoy la Sœur Agnes aduertie, se transporta en sa chambre, pour la supplier de prendre quelque repos, mais elle la trouua immobile & insensible à toutes les fonctiós de la vie naturelle, auec vn visage teint d'vn vermeil si gracieux, & puis enrayoné d'vne si éclatante lumiere, que son Confesseur & son Chappelain en demeurerent tous éblouys, ce qui fit assez iuger qu'elle estoit rauie en extase, que les Hebrieux appellent le baiser de Dieu. Quelque temps au dela sentant approcher sa mort, dont elle eut vne reuelation particuliere, elle escriuit au Pape pour le supplier de la congedier de cette vie auec la paix des Ames Chrestiennes, & de permettre aux Seigneurs & Dames de France de sa Parenté, d'assister à ses Funerailles, &

les, & de visiter son sepulchre, ce qui luy fut accordé. Et peu apres elle s'alita, & ayant fait vne Confession fort exacte, auec abondance de larmes, elle demanda pardon à toutes ses Sœurs, & receut le Viatique auec vne ferueur extraordinaire, faisant forces prieres qui sortoient comme des traits embrasez de son cœur. Apres se tournant vers ses Religieuses, elle leur dit, Mes cheres Sœurs, voicy le iour qui fermera ma bouche pour ne vous plus parler, mais qui ouurira mon cœur plus que iamais pour tousiours vous aymer. Viuez mes Sœurs, viuez in-

M

esbranlables dans la fidelité que vous auez promise à Dieu, & gardez vos regles, qui vous garderõt plus que la faueur des Roys, & que toutes les assistances temporelles. Vous qui estes en superiorité, gouuernez auec douceur: Vous qui estes inferieures, obeyssez auec simplicité, gardez sur tout la concorde, & que les jalousies de preferences ne dominent iamais en voftre cœur. Adieu mes tres-bonnes Sœurs, souuenez-vous de voftre pauure Isabelle, qui vous a tendrement aymées, & qui ne vous oubliera point deuant Dieu. Apres ce peu de paroles, elle se fit coucher sur vne paillasse, où elle receut l'Extréme-Onction, & rédit à Dieu son tres-pur Esprit parmy les torrens de pleurs, & les sanglots de ses Filles. Son Corps fut enterré en l'Habit de Ste. Claire, son Ame receuë dans le Ciel, & sa memoire est passée dans la benedictiõ de tous les siecles, qui la fait declarer bien-heureuse, ~~& mesme canonizer~~ par le Pape ~~Boniface 8.~~ *Leon .10* apres le rapport de soixante-trois Miracles verifiez selon les formes ordinaires. I'en veux rapporter icy quelqu'vns pour seruir de preuues à sa sainteté.

M ij

MIRACLES DE
Ste. Isabelle durant sa vie.

VN Officier domestique du Roy S. Louys, ayant vn fils accablé de diuerses maladies, & suiet au Mal-caduc, tenu pour incurable, s'en vint à Long-cháp se presenter deuát nostre Ste. Isabelle à genoux & les mains joinctes, la supplia de le tant obliger que de vouloir prier Dieu pour son fils, s'asseurant que par ses bonnes prieres, il pourroit recouurer sa santé. Sainte Isabelle luy ayant fait signe qu'elle le feroit, ce pauure Officier s'en retourna tout content, & le fut beaucoup plus, quand estant de retour au logis, il vit son fils guary, & guaranty de ce mal epileptique. Tout ioyeux il reuient vers la Sainte, & luy dit, Madame, ie vous supplie tres-humblement de me dire s'il vous a pleu faire ce que vous m'auiez promis: elle luy respondit qu'ouy. Madame, luy repartit il, ie le croy, & en rends graces à Dieu, & à vous, parce qu'à mon retour i'ay trouué mon fils entierement guary, sans doute ça esté par le moyé de vos merites. Vous vous abusez (luy dit-elle) ce n'est pas par mon moyen que

Dieu fait de telles œuures. Et comme elle vit qu'elle ne pouuoit luy perſuader le cõtraire, & qu'il inſiſtoit touſiours que ce bien luy eſtoit aduenu par ſes ſuffrages: allez en paix (luy dit-elle mais gardes vous bien d'en rien dire a perſonne tant que ie ſeray en vie. Apres ſon deceds il en fit le recit à Madame Marguerite, Femme du Roy Saint Louys, qui depuis le raconta tant à Sœur Agnes qui la mis par eſcrit, qu'à d'autres perſonnes notables.

2

La Sœur Sara de Houppelines Religieuſe, eſtoit atteinte d'vn mal epidimique,

SAINTE ISABELLE. 183
ou populaire, courant en ce temps-là, & *nommé l'orgueilleux*, à cause des froncles & apoftumes qu'il efleuoit en plufieurs parties du corps, mefmement au vifage. Noftre Sainte la vint vifiter dans le Conuent, luy ietta vn gracieux regard, & la toucha de fes facrées mains, dans qui Dieu auoit mis des threfors de vie & de fanté. Tout à l'inftant cette pauure Sœur à la veuë de toute l'afliftance fut entierement guerie de ce mal, auquel les remedes eftoient inutils.

Frere Denis d'Eftampes, demeurant au Conuent pour
M iiij

administrer aux Sœurs les Saints Sacremens, & autres necessitez spirituelles, estoit de long temps trauaillé d'vne fieure quarte, qui ne luy donnoit point de relasche, sinon pour luy faire sentir sa douleur auec plus de violence. Aduint que le propre iour que sa fieure le deuoit reprendre, on donnoit l'Extréme-Onction à nostre Sainte, & luy par vne façon extraordinaire, recherchant la guerison d'vne personne agonizante, & qui en auoit elle-mesme plus de besoin, pria Dieu par ses merites, d'auoir pitié de luy. Chose estrange! Elle qui tiroit à la mort, luy renuoya la vie, car il fut guery tout à l'heure, & depuis n'eut frisson ny accez.

Apres son trespas.

4

MAdame la grãde Reine Marguerite (ainsi estoit appellée la Femme du Roy Saint Louys) voyant son Fils Philippes (qui depuis fut Roy, & surnommé le hardy) longuement trauaillé d'vne fascheuse fieure: elle le fit amener à Long-Champ, & coucher aupres de la Tombe de nostre Sainte sa Tante, esperant que par ses bonnes prieres, elle obtiendroit la santé à son petit Nepueu:

son esperance ne fut pas vaine, comme l'euenement le fit voir par sa prompte guerison. Le Roy s'en souuenoit auec de tendres sentimens de deuotion, le racontant à la Sœur Agnès, & dit que tous les iours il en loüoit Dieu, & remercioit sa sainte Tante, de luy auoir procuré tant de bien, apres vne si longue & penible maladie.

§

Au temps que la mesme Reine Marguerite seiournoit à Long-champ, le seruiteur de son Aumosnier, fut griefuement affligé d'vne fieure chaude : peu s'en falloit qu'il n'en tombast en rage &

SAINTE ISABELLE. 187
phrenesie. Les gens de l'hostel ayás pitié de luy, le voüerent à la sainte Mere : & au nom du malade luy offrirent vn flambeau : incontinent sa fureur dissipée, il va s'acquiter en personne, de ce qu'on auoit promis par procureur : il amende sa vie, il se met en bon estat, & reçoit vne double santé, tant celle du corps, que celle de l'ame.

6

Son intercession parut aussi merueilleusement extraordinaire à l'endroict de Sœur Alix de Mucident. Car vn effort de Paralysie luy ayāt rendu la teste presque sans mouuemét, la parole empeschée, la bouche torte, & le visage tout contrefaict. Apres auoir demeuré en ceste langueur l'espace d'vn mois & plus: sur ce qu'on vit que tous les remedes qui luy estoient appliquez demeuroient inutiles, on s'aduisa de luy pendre au col quelque petit ioyau qui auoit appartenu à la Ste. & sur ce il s'en ensuiuit vn prompt allegement. Elle fit vœu de luy presenter vne bougie de la grosseur de sa teste, & de la longueur de son visage ; Ce qu'ayant fait, & continüé ses prieres à son Tombeau l'espace de neuf iours, son mal s'esuanoüit, & le visage luy reuint en son premier estat, &

de ce rendent tesmoignage Sœur Agnes d'Anecy, & autres qui la gardoient.

7

La Sœur Marie de Tremblay gardoit par obedience Sœur Desirée, qui estoit trauaillée d'vne fieure tres-violente. La malade ayant prié sa garde d'aller au viuier querir de l'eau, pour ce qu'elle enduroit vne soif & vne chaleur extréme. La Sœur en fit difficulté du premier coup, à cause de l'heure indeuë, & que les Sœurs estoient dans leur premier sommeil : neantmoins par importunité, elle prit vn pot & de la chádelle : & comme elle fut à my chemin du viuier, le malin esprit vint au deuant d'elle, en forme d'vn gros chien noir, qui auoit les yeux estincellans, il luy sauta au collet, & vouloit l'estrangler.

En ce rencontre elle ne peut autre chose, que de se marquer du signe de la Croix, & implorer le secours de sa sainte Mere. A l'instant le demon s'arresta, & s'abstint de luy faire aucun mal : seulement il l'empescha de poursuiure son chemin. Elle se voulut détourner, & aller à la fontaine de la lauanderie, mais le mesme lutin la vint assaillir derechef, & se mettre au deuant. Ce qui fut cause que reclamant Dieu, & sa sainte Mere, elle recourut à la porte de l'infirmerie, où elle tomba toute pasmée, son pot d'vn costé, sa chandelle de l'autre : & n'eut moyen de fermer la porte, tout ce qu'elle peut faire, fut de crier à Sœur Desirée, qui estoit en vne tres grāde apprehension, à cause de ce bruit, qu'elle s'armât du signe de la Croix.

Ce bruit fut aussi entendu des Sœurs, qui s'esueillerent, & qui accoururent l'vne apres l'autre, & ayant ainsi trouué la Sœur Marie pasmée, la releuerent, la rechaufferent, & luy firent reuenir les esprits. Apres elles sçeurent de sa bouche l'accident arriué, dont elles en furent fort effrayées, & se mirent d'autant plus volontiers en deuotion, qu'elles voyoient que c'estoit le principal moyen de repousser l'ennemy, lequel elles n'estimoient pas estre si proche d'elles, ny si prest à leur nuire.

8

Vn chien furieux & enchaisné, ayant rompu sa boucle, vint d'abord se ietter sur la Sœur Sara de Houppelines, par cas fortuit trouuée à la rencontre : il s'efforça de luy sauter au visage, & la défigurer : elle mit sa main au deuant : il la prend, la mord, & de la

& de la morsure luy fait douze playes en la main & au bras, puis apres la prit aux cuisses, & autres parties du corps. Les Sœurs accoururent au bruit, & ne l'ayant peu sauuer ny defendre, se mirent à implorer leur Sainte: elle s'escria aussi de sa part, lairrez-vous, ô sainte Mere, manger vostre fille aux chiés! A l'instant le dogue la laissa, & s'enfuit de luy-mesme.

La Vierge neantmoins demeura fort blessée, & l'enfleure de sa cuisse s'estant enuenimée, la pauurette deuint en si piteux estat, qu'il n'y auoit aucune esperance de vie. Elle pria ses Sœurs qu'elles la portassent au Tombeau de la Sainte, & qu'elles la laissassent, tandis qu'elles prendroient le disné au Refectoir. Ce qu'estant fait, elle implora fort deuotement l'ayde & l'assistance de sa sainte Mere, & en vn moment son enfleure la quitta. Les Sœurs estás venuës en l'Eglise apres le repas rendre graces à Dieu à leur maniere accoustumée, furent bien estonnées de la voir deliurée de son mal: & quelques iours apres elle receut vne entiere guerison.

9

Vne Bourgoise de Paris, nommée Agnes la Coffriere, auoit vn enfant extrémement malade, & lequel elle auoit veillé vne nuit entiere, n'attendant que sa mort : & cõme elle s'estoit mise vn peu à dormir, il luy sembla qu'elle oyoit vne voix qui luy disoit, Agnes, vouë ton fils à Madame Isabelle de France, qui repose au Monastere de Long-champ, & luy offre la coupe que ton pere te bailla en don de mariage, & ton enfant receura guerison. Sur cét aduis elle s'en vint à Long-champ dés le lendemain : fit ce qu'il luy auoit esté commandé fort deuotement, & à son retour trouua son fils en pleine santé.

10

Le sonneur de l'Eglise de Long-champ, nettoyant vn iour la voulte, & estant à cette fin guindé en haut dás vne corbeille à force de cordes & de poulies : La corde se rompit, & l'homme tomba à bas sur vn des bancs du Chœur, dont il fut tout rompu & brisé, ne donnant plus aucun espoir de vie : on appella vn des Peres Confesseurs pour le confesser. Les Sœurs y accoururent aussi, qui ayant pitié de luy, le voüerent à leur sainte Mere. Apres le vœu il commença aucunement à se sentir allegé, se fit porter à la Tombe, là fit son oraison, &

soudainement ses os prirent l'ordre de se remboiter, ses fractures de se consolider, ses nerfs de se restraindre, & ses forces de se remettre: de sorte qu'il en sortit sain & dispos, & sans marque de blessure.

11.

L'an de grace 1516. le neufiesme Mars, la Sœur Ieanne Carphaude, ieune Nouice, agée de quinze ou seize ans, estant encore dans l'an de sa probation, & faisant desia paroistre les indices d'vne gráde pureté de mœurs, sainteté de vie, & autres perfections dignes de son habit, comme elle fut montée sur vn tas de fagots mal agencez:

par cas fortuit tomba rudement sur vn baston de bourrée, qui la blessa aux parties secrettes, & de ceste blessure souffrit vne extréme douleur. Toutefois elle fut bien quinze iours en cette peine & martyre, sans en oser rien descouurir, à cause du lieu où le mal la tenoit. Enfin la griéueté de la douleur luy fit dire ce qu'elle ne pouuoit tenir plus longuement caché. De quoy toutes les Sœurs eurent vne extréme compassion : & ne cesserent par quatre mois d'y faire apporter tous les remedes necessaires, par le moyé desquels la playe se ferma, & fut aucunement nettoyée. Ce nonobstant elle demeura les nerfs retirez, vne iambe insensible, percluse, & plus courte que l'autre, iusques là mesme, que pour ramasser quelque chose à terre, il falloit qu'elle s'inclinast & courbast tout le corps. De maniere que quand l'an de sa probation fut finy, les Sœurs la voyant à charge au Monastere, & inutile en sa fonctiõ, se resolurent (bien que fort à leur regret) de prier ses parens de la vouloir reprendre. Cette ieune Nouice en ayant senty le vent, s'en affligea plus que de son mal mesme, & craignoit cela plus que la mort. Elle mit donc toute son esperance en Dieu, & aux merites de la Sainte, laquelle elle supplioit de tout son cœur de la vouloir accepter pour sa fille, & retenir en sa Maison, comme son humble seruante. Sur ces entrefaites elle s'endormit, & lors luy apparut Madame Sainte Isabelle, couuerte d'vn manteau pretieux de couleur incogneuë, & non acoustumée, tout semé de Fleurs de Lys d'or, à sa dextre estoit Saint Louys son Frere, & à l'autre costé la Reine blanche, en habit Royal : & luy s'embla qu'ils luy donnoient tous trois esperance de sa proche santé. La vision passée, & le matin venu que le Messager devoit partir pour aller porter la triste nouuelle à ses parens, de la venir querir & emmener, elle implora ardemment le secours de la sainte Mere, la priant qu'elle ne fust contrainte de sortir de sa Maison. Et comme elle voulut prendre sa potence apres son oraison finie, pour retourner en sa chambre, elle ouyt vne voix qui luy dit, *Va*, comme si elle luy eut voulu faire entendre qu'elle s'en pouuoit aller seule, & sur ses pieds, sans l'ayde de ce baston.

Incontinent elle descendit du dortoir, & courut à l'Eglise pour rendre graces à Dieu. Il estoit encore six heures du matin, que les Sœurs se preparoient pour chanter Prime : lesquelles la voyant saine & en bonne disposition, & ne sçachant si c'estoit vne illusion ou vne verité, d'abord en furent fort estonnées. Mais comme il apparut que la Sainte à l'ayde de Dieu y auoit operé miraculeusement : Les cloches en furent sonnées de joye, le *Te Deum* chanté, & tout le iour passé en allegresses & en Cantiques de loüanges. Le bruit en estant semé à Paris & ailleurs, chacun accourut à Long-champ, pour estre oculairement informé du Miracle. Ce qui augmenta beaucoup la gloire de sainte Isabelle. 12

L'an 1530. le nombre des Religieuses limité à soixante, s'estant par permission accreu iusques à quatre vingt, & le dessein ayant esté pris de faire vn nouueau Dortoir, arriua qu'vn iour de Feste que les ouuriers ne trauailloient point, trois ieunes Religieuses voulurent aller voir l'édifice, & monterent iusques au haut du comble du lambris, entre les courbes & soliues. Lors le lambris qui estoit fresle & peu ferme, cheut à bas, & tout le corps de l'vne passa entre deux poutres, ny demeurant arrestée que par le bout des doigts, encore à peine y pouuoient ils tenir. Lors elle s'escria, Noſtre Ste. Mere ſauuez-moy : & incontinent deuint cōme à demy paſmée. A ce bruit ſortit de ſa châbre vne des Meres, nōmée Georgette Cœur (qui depuis fut Abbeſſe) auec vne Religieuſe ſa niepce : leſquelles ayant leué leurs yeux en haut, & apperceu cette pauure fille ainſi ſuſpenduë, & à leur aduis preſte à tomber, ſe retirerent haſtiuement en leur chambre la teſte baiſſée de frayeur, pour ne voir ce triſte ſpectacle, & recommanderent ſon

Ame à Dieu, pour ce qu'elles n'attendoient que l'heure qu'elle tombaſt & ſe froiſſaſt le corps! car la hauteur eſtoit pour le moins de ſix toiſes, ſelon qu'elle fut meſurée depuis. Les deux autres Sœurs qui eſtoient demeurées ſur le lambris, ne ſçauoient que dire, ny que penſer, ſeulement elles pleuroient, & inuoquoient l'ayde de leur ſainte Mere, laquelle auſſi fit paroiſtre ſoudain quel eſtoit ſon merite, & quelle ſa puiſſance.

Car l'vne de ces Religieuſes, nommée Sœur Valentine-preuoſt, s'enhardit de mettre le pied ſur l'vne des ſoliues, & tout doucement s'inclina pour prendre d'vne main le bout du voile, qui eſtoit ſur la teſte de cette bonne fille, lequel ayant atteint, elle l'atira, l'enleua contre-mont auſſi facilemēt que ſi ſon corps n'euſt rien peſé : elle la mis hors de danger, & toutes trois enſemble ayant eſchapé d'vn ſi affreux precipice, deſcendirent à bas en toute ſeureté. Or cela ne ſe pouuoit faire naturellement, mais il faut auoüer que la Ste. fut employée à ce Miracle. Cela fut confirmé lors que ces trois Nouices eſtant en bas, celle qui auoit eſté deliurée leur dit, Qu'auiez-vous à craindre ? I'eſtois ſi bien souftenuë par les efpaules, que ie ne pouuois tomber : & il n'y a point de doute que celle qui la fouftenoit, eftoit la fainte Mere, qu'elle auoit inuoquée. Le bruit en eftant couru par le Conuent, fut generalement fuiuy d'vne haute action de graces.

13

Les Dames Religieufes de Long-champ, ont toufiours reputé pour fouuerain Miracle, & vne protection tres-particuliere de leur fainte Mere, de ce qu'en l'an 1587. le feu Roy Henry III. ayant pris refolution de les faire toutes fortir de là, difant les vouloir mieux loger ailleurs, pour introduire en leur Abbaye les Peres Feullants, lesquels à cette fin il auoit fait venir expressement de Tholoze: Il en fut du depuis diuerty, quoy qu'il fust entierement resolu à cela. Et pour ce suiet il auoit obtenu en secret vn Bref du Pape: & par plusieurs fois il auoit enuoyé ses Architectes, & Maistres de ses œuures, à Long-chāp, pour le toiser & mesurer sans dire pourquoy, sinon que quand on desiroit sçauoir quelque chose d'eux, ils faignoient que c'estoit que le Roy vouloit faire construire vn semblable Monastere.

Le feu ne demeura pas long-temps

temps couuert. Le 20. de Iuillet de la mesme année, vn peu après Vespres, les Sœurs de ce lieu furent toutes estonnées qu'on leur vint dire que le Roy estoit en personne à leur grand Parloir, & qu'elles eussent à s'y venir rendre promtement, afin d'entendre ce qu'il leur vouloit dire. La Sœur Françoise Potier estoit pour lors Abbesse, laquelle suiuie des autres Religieuses, se vint presenter à sa Majesté, auec toute reuerence & submission. Le Roy leur dit qu'il auoit pris la peine de venir en Personne, pour leur faire sçauoir qu'il les vouloit toutes tirer de là, leur donner ail-

O

leurs vne autre demeure plus commode, & loger en leur place les Peres Feuillants, lesquels il auoit fait venir du Languedoc: qu'à cét effect il leur apportoit deux grandes puiſſances, celle du Pape & la ſienne: qu'elles ſe diſpoſaſſent d'obeyr promtement.

La Dame Abbeſſe luy remonſtra fort doucement, que leur ſainte Mere Iſabelle de France, Sœur du Roy Saint Louys, les auoit fondées là depuis trois cent ans, & plus, pour y ſeruir Dieu ſelon la Regle qu'elle leur auoit fait ſaintement preſcrire. Que ſous ſes Loix depuis tant d'années, pluſieurs gran-

SAINTE ISABELLE.

des Religieuses auoient dignement vescu, dont quelqu'vnes auoient esté Princesses du Sang de France & de Nauarre, & que leur memoire viuoit encore en perpetuelle loüange & benediction, qu'en suitte de ces grandes Ames elles auoient fait en ce Lieu leurs vœux de Religion, en intention d'y continüer comme les autres leur demeure & closture perpétuelle : que si elles ne s'en estoiét si bien acquittées que leur deuoir le pouuoit requerir, au moins elles n'auoient manqué de bonne volonté, qu'elles en feroient la satisfaction à Dieu : mais qu'elles ne croyoient auoir tant demerité que d'eſtre ainſi contraintes de ſortir: qu'elles ſe iettoient aux pieds de ſa Majeſté, & imploroient ſa grace & miſericorde, pour les conſeruer au lieu où elles auoient reſpiré ſi long temps l'air de la deuotion. Le Roy leur repartit qu'elles auoient beau dire, que c'eſtoit vne neceſſité, & meſme qu'il eſtoit venu tout exprés pour voir vne partie de l'execution de ſon Commandement. Cette parole ne fut pluſtoſt laſchée qu'on les entédit toutes crier & lamenter, comme ſi elles euſſent eſté condamnées à la mort. Tellement qu'elles ſe retirerent l'vne deça, l'autre de là, troublées & esperduës, & ne sçachant que dire.

Sur ce piteux spectacle quelques vns des principaux qui estoient auprès du Roy, luy conseillerent de leur laisser passer ce premier mouuement, que c'estoient des filles, que tout doucement on les pourroit disposer à faire sa volonté. Il les creut enfin & s'en alla. Les Sœurs en estát aduerties, se rendirent toutes à l'Eglise, pour supplier leur sainte Isabelle, de destourner ce malheur.

O sainte Mere! disoient-elles, abandonnerez vous celles, qui de cœur & d'affection se sont voüées à Dieu, pour faire comme vos Filles, leur perpetuelle demeure en vostre sainte Maison : Souffrirez-vous qu'elles en sortent pour estre reduites à chercher vn nouueau Ciel, & vne nouuelle terre, errantes & vagabondes d'vn costé & d'autre, apres s'estre enfermées icy, apres y auoir pris leur habitude, sous vostre discipline.

Ces plaintes & clameurs, auec infinies prieres & oraisons, furent par elles continuées tant de iours & de nuits : qu'enfin on les aduertit pour le certain, que le Roy auoit changé de volonté, & pris dessein de loger les Feuil-

Sainte Isabelle. 215

lants ailleurs, comme l'éuenement s'en est ensuiuy : Et lors ce fut vn surcroist, mais vn cóble de loüanges à Dieu, de remerciemens & d'actions de graces à leur Sainte Mere.

En voicy vn arriué fraischement en la personne d'vne deuote Religieuse de Haultebruieres, nommée Sœur Magdeleine le Roy, dite de Saint Bonauenture, dont i'ay voulu icy inserer les tesmoignages portez dans les Lettres tant de sa Prieure, que de celle qui a receu la guerison.

MADAME,

I'estime si particulierement vos

merites, que ce m'est vn tres-grand contentement de rencontrer vne occasion fauorable au desir que i'ay dés long temps de vous faire paroistre l'honneur & le seruice que i'ay voüé à vostre Reuerence, à laquelle nostre bonne Sœur le Roy a desiré que ie tesmoignasse la verité du Miracle, que Dieu a fait par l'intercession de vostre sainte Fondatrice, la bien-heureuse Sainte Isabelle : elle vous en mande toutes les particularitez, lesquelles elle peut mieux déduire que personne, ayant ressenty si promptement vne guerison si inesperée à vn mal que les Medecins estimoient irremediable, & qui la trauailloit depuis vn long temps, sans que les remedes humains y eussent apporté aucun soulagement, quoy que l'on en ayt usé en tres-grande quantité par l'aduis de plusieurs bons Medecins. Enfin nostre Seigneur luy inspira d'auoir recours aux merites de sa Sainte, comme elle vous le raconte par sa Lettre, que ie suis bien aise d'acompagner de ce mot, pour vous asseurer de cette verité pour la gloire de Dieu, & encore pour vous supplier tres-humblement de me faire l'honneur de me tenir tousiours,

Madame,

pour

Vostre humble & tres-obeissante Fille & seruante M. De Rost, R. indigne.

De vostre Maison de Haultebruieres, ce 17. de May 1638.

LA VIE DE MADAME,

Pour satisfaire au desir tres-iuste que vous & toute vostre sainte Compagnie, auez de sçauoir comment est arriué le Miracle, qu'il a pleu à la bonté & misericorde de Dieu, operer en moy, quoy que tres-indigne de cette faueur. Ie n'ay pas voulu manquer à me donner l'honneur de vous escrire, tant pour ce suiet, que pour vous remercier tres-humblement du digne Chappelet qu'il a pleu à vostre bonté m'enuoyer, lequel ie garderay cherement comme vn riche tresor. Pour donc vous faire le recit naïfuement & succinctement de la grace que i'ay receuë de Dieu par l'intercession & les merites de la bien-heureuse sainte Isabelle, Ie vous diray (Madame) que depuis neuf ou dix ans, i'ay esté trauaillée d'un vomissement, lequel se passant quelque fois par les remedes, reuenoit de temps en temps, mais dans ce temps, i'auois tousiours quelques iours, ou au moins quelques repas de relasche: & i'ay esté enuiron dix mois sans me sentir de cette incommodité. Au bout desquels i'en ay esté si trauaillée l'espace de trois mois & demy pour le moins, que ie n'ay peu retenir aucun aliment pour delicat qu'il fut, & n'ay receu aucun soulagemẽt de quantité de remedes que l'on ma faits. De sorte qu'ayant perdu l'esperance de guerir par les remedes humains, & me voyant par cette infirmité, inutile & incapable de faire les exercices de la sainte Religion. Sur le recit des merueilles que Dieu opere par l'intercession & les Reliques de vostre sainte Fondatrice, I'eu mouuement particulier de me recommander à elle, & de demander à Dieu la santé par ses merites & son intercession. Et pour ce suiet ie fis vne neufuaine en son honneur, allant tous les iours deuant le tres-saint Sacrement, dire vn Te Deum laudamus, & cinq fois le Gloria Patri, en action de graces de la gloire que Dieu luy a donnée dans le Ciel, & de ce qu'il luy plaist la mani-

SAINTE ISABELLE.

fester par tant de Miracles. Ie disois encore tous les iours deux fois le Pater & Aue, auec vne Antienne pour saluer la Sainte, la prenant pour Aduocate, non seulement pour m'obtenir la santé du Corps, mais aussi pour les besoins de mon Ame : Et priois Dieu tres-instamment de me rendre la santé, si c'estoit pour la gloire de sa diuine Majesté, & pour mon salut, par ses merites & son intercession : Ie communié quatre fois à cette intention pendant la neufuaine, durant laquelle ie ne me senty point soulagée, & fus encore neuf iours apres aussi mal qu'à l'ordinaire. De sorte que ie commençois à croire que ie ne serois point guerie, & que Dieu ne le vouloit pas. Ie ne laiſſe toutefois de continüer à me recommander à la Saincte, & m'humiliant deuant Dieu, me recognoiſtre indigne de cette faueur pour mes pecheZ, & me reſigner à ce qu'il plairoit à Dieu, le priant que ſi c'eſtoit ſa ſaincte volonté que ie demeuraſſe dans cette infirmité, qu'il me fit la grace d'en profiter, & qu'elle ne me ſeruiſt point de pretexte pour demeurer dans mes laſchetez ordinaires en ſon ſeruice, pour auſquelles mettre ordre, i'auois grand deſir de faire les exercices ſpirituelZ, & peu de iours auant ma gueriſon, ie pris le deſſein de les faire auec ferme confiance que noſtre Seigneur m'en donneroit le moyen, & m'adreſſe à la ſaincte Vierge, & à la bienheureuſe ſaincte Iſabelle, les coniurant de m'obtenir cette faueur, & d'auoir pitié d'vne pauure pechereſſe, qui ſe mettoit ſous leur protection. Le troiſieſme de Mars de la preſente annèe, apres le repas ie me ſenty ſoudain trauaillée de grandes douleurs d'eſtomach contre mon ordinaire: ce qui me donna en meſme temps ſentiment que noſtre Seigneur vouloit operer en moy quelque Miracle par les Reliques de la ſuſdite Ste. en ayant quelque peu ſur moy, & me ſentis de nouueau fortement menë à me recommander à elle, ce que ie fis, ſuppliant noſtre Seigneur de

n'auoir egard à mes miseres, &
que mes pechez ne missent point
empeschement à la grace qu'il me
vouloir faire, & qu'il disposast
mon cœur à la receuoir, & ce
iour là ie fus entierement guerie,
retenant bien tous les aliments
que ie prenois, au grand eston-
nement de toute nostre Compagnie, & particulierement des in-
firmieres qui m'auoiët veuë encore le iour precedent, ne retenir
chose quelconque : depuis ce iour
ie n'ay point esté trauaillée de
cette incommodité, & pour tesmoignage de ma guerison, huict
iour apres Nostre Seigneur me
fit la grace, d'entrer dãs les exercices. Voila, Madame, comme
il plaist quelquefois à Dieu faire
des graces

SAINTE ISABELLE. 225

des graces à des personnes qui en sont fort indignes, pour faire dauantage recognoistre sa bonté. ie tascheray de ne pas estre mécognoissante d'vne faueur si speciale, puisqu'vne si grande Sainte a bien voulu employer le credit qu'elle a dans le Ciel pour vne si chetiue creature. Ie prie la diuine Majesté de combler de plus en plus vostre Maison de ses benedictions par les prieres & intercessions de cette bien-heureuse Sainte, & vous plus particulierement, que ie supplie tres-humblement me faire l'honneur de me tenir pour l'Eternité,

Madame,

Vostre tres-humble & plus obeissante Fille & seruante en Iesus-Christ, Sœur Magdeleine le Roy, dite de Saint Bonauenture, P. indigne.

De Haultebruyeres ce 17. May 1638.

P

Elle est encore viuante en son ouurage, en son Monastere de Long-champ, où depuis enuiron quatre cens ans, tant de bonnes Religieuses ont respiré, & respirent encore auiourd'huy son Esprit. Madame, & tres-Reuerende Mere Sœur Isabelle Mortier, se trouuant maintenant la premiere Superieure de Lōg-champ, qui a porté le nom d'Isabelle, pour la deuotion tres-particuliere qu'elle a voüé à vne si grande Sainte, a procuré que ses sacrées Reliques fussent leuées de terre, ce qui a esté faict par Monseigneur l'Illustrissime & Reuerendissime Archeuesque de

SAINTE ISABELLE.

Paris Iean-Fra͂çois de Gondy, qui a vn zele infatigable pour tout ce qui concerne la gloire de Dieu, la bien seance des Eglises, & le bon ordre de tout son Diocese.

Monsieur du Saussay Protonotaire du S. Siege Apostolique, Grand Vicaire & Official de Monseigneur l'Illustrissime & Reuerendissime Archeuesque de Paris, & tres-digne Curé de Saint Leu & Saint Gilles, est celuy qui a obtenu l'Indulte Apostolique tendant à cét effect, & qui a assisté mondit Seigneur l'Archeuesque dans toute cette ceremonie. Ce qui est arriué fort à propos, parce que ayant celebré la memoire de cette haute & Ste. Princeſſe dans ſon Martyrologe François, où il a laiſſé à la France vn perpetuel monumét de ſa pieté, de ſon eſprit, & de ſa gráde erudition dans les antiquitez Eccleſiaſtiques, Dieu luy reſeruoit l'hóneur de releuer les cendres de celle dont il auoit loüé la vie, honorát par ſes eloges les lumieres de cét Eſprit bienheureux, qui eſt paſſé dans l'Eternité : voicy l'inſcriptió que luy-meſme a mis ſur ſes os.

Hāc in Lipſanotheca recondita ſunt oſſa

cū cineribus Corporis beatæ Elizabeth, alias Isabellæ Virginis, Sororis Sancti Regis Ludouici, huius Monasterii Fundatricis, quæ iussu & mandato sanctissimi Domini nostri D. Vrbani Papæ VIII. leuauit de tumulo ipsius venerandæ Virginis (iam pridem signis emeritæ beatitudinis corruscantis:) háncque in thensam trāstulit Illustrissimus

& Reuerēdiffimus in Chrifto Pater, & D. D. Ioannes Francifcus de Gondy, primus Parifienfis Archiepifcopus. Anno Virginei partus M.DC.xxxvII. pridie Non. Iunii, Regnante Ludouico Iufto Franc. & Nauarr. Rege Chriftianiffimo

Dans cette Chaffe font les Os & les Cendres du Corps de la bien-heureufe Elizabeth, autrement Ifabelle Vierge, Sœur du Roy Saint Louys, Fondatrice de ce Monastere, que Monseigneur l'Illustrissime & Reuerendissime Pere en Iesus-Christ Iean François de Gondy, premier Archeuesque de Paris, par le Mandement de nostre Saint Pere le Pape Vrbain VIII. a mis icy en depost apres les auoir leuées du Tombeau de cette venerable Vierge, qui depuis longues années reluit par les signes & Miracles de la beatitude qu'elle a meritée à raison de sa sainteté, l'an de l'Incarnation de nostre Seigneur 1637. le 4. de Iuin sous le Regne de Louys le Iuste, Roy Tres-Chrestien de France & de Nauarre.

O quel spectacle! ô quelle vie! & sur quel throsne la gloire des femmes fut elle iamais plus visible, plus triomphante & plus aymable? Qui est-ce qui osera maintenant vanter les faits d'vne Semiramis, d'vne Thomyris, & de tant d'autres, qui contre la condition de leur sexe, & la profession de leur vie, se sont signalées par les armes, & par la conqueste des Peuples? Que de sang respandu, que de villes bruslées, que de Prouinces desolées pour en venir là! Elles ont basti des Empires sur les ruines des miserables, que le temps a dissipez, que la violence a renuersez, & que l'oubliance mesme a maintenant enseuelis. Mais Sainte Isabelle a mesprisé les Sceptres & les Diadesmes, qui venoient de leur plein gré fondre à ses pieds. Elle a vaincu toutes les passions, qui ont tant de fois subiugué les Monarques. Elle a terrassé tous les monstres qui remplissent la vie humaine de desordres & de confusions. Elle est entrée dans le Royaume de Iesus, dans vne profonde paix, dans vn auātgoust delicieux, de toutes les joyes de Paradis, enfin dās le Ciel, & par la Virginité mesme elle a laissé vne sainte posterité, qui depuis quatre cents ans florit au Lieu qu'elle a honoré de sa presence, fondé de ses moyés, & consacré par ses vertus. Que peuuent faire auiourd'huy les grandes Dames de plus illustre, que d'estudier sa vie, & de suiure ses exemples? Les femmes pour l'ordinaire ne pretendent rien à la gloire des armes, elles n'ambitionnent point la reputation qui vient de la cognoissance des Lettres. Leur element est la deuotion, leur couronne est la pudicité, leur triomphe sont les vertus, leur grandeur est de secourir les seruātes de Dieu, c'est de fonder des Monasteres, où tant de pauures Damoiselles si bien nées, & si mal fortunées de moyens, pourroient estre receuës, nourries, & éleuées, pour leur acquerir vn heritage eternel dans le Ciel, & vn honneur immortel sur la terre; Ne nous plaignons point du grand nombre des Religieuses, mais prisons plustost le bon-heur de nostre siecle, où il y a tant de belles ames qui font profession de la vie que nostre Sauueur & sa sainte Mere, ont sanctifiée par leur choix, & éclairée par leurs enseignements. Que toute la France regarde sainte Isabelle comme la plus belle estoile du Firmament,

Qu'elle cheriſſe & qu'elle frequente le Lieu qui a ſerui de theatre à toutes ſes belles actions : Que les Grands la contemplent ſur toutes les grandeurs, Que les petits l'honorent comme la plus haute des Seruantes de Dieu, les Religieuſes comme vn original de ſainteté, les femmes mariées comme leur protectrice, les filles comme le plus haut luſtre de leur virginité : Que les heureux cherchent en elle la moderation de leur bon-heur, & les affligez la conſolation de leurs ennuis.

FIN.

En l'Epiſtre à la Reyne page 4. ligne 4. apres ces mots l'vne de nos Religieuſes, adiouſtez, laquelle a eſté la troiſieſme Abbeſſe de Longchamp, & qui &c.

Page 143. ligne 4. apres ces mots, De ce nombre furent, adiouſtez, S. Bonauenture.

Page 176. ligne 10. apres ces mots, le baiſer de Dieu, adiouſtez, lors qu'elle reuint de ſon extaſe elle prononça pluſieurs fois ces mots, *illi ſoli honor & gloria*.

Page 179. l. 7. apres ces mots, & les ſanglots de ſes filles, adiouſtez, apres ſon treſpas furent par pluſieurs fois ouyes ces parolles que les Anges chantoient en l'air. *In pace factus eſt locus eius*.

Page 179. ligne 11. au lieu de ces mots, qui la fait declarer bien-heureuſe, & meſme canoniſer par le Pape Boniface 8. mettez, qui la fait declarer bien-heureuſe par le Pape Leon dixieſme.

www.ingramcontent.com/pod-product-compliance
Lightning Source LLC
Chambersburg PA
CBHW070527170426
43200CB00011B/2352